MAVRIČNE SKLEDE VESELJA

Nahranite svoje telo s 100 pisanimi posodami, polnimi hranil

Sabina Marolt

Avtorski material ©2024

Vse pravice pridržane

Nobenega dela te knjige ni dovoljeno uporabljati ali prenašati v kakršni koli obliki ali na kakršen koli način brez ustreznega pisnega soglasja založnika in lastnika avtorskih pravic, razen kratkih citatov, uporabljenih v recenziji. Ta knjiga se ne sme obravnavati kot nadomestilo za zdravniški, pravni ali drug strokovni nasvet.

KAZALO

KAZALO 3
UVOD 7
MAVRIČNE SKLEDE ZA SADJE 9
1. KOKOSOVA SKLEDA Z LUBENICO 10
2. VITAMIN BOOST AÇAÍ BOWL 12
3. GOJI BERRY TROPICAL SMOOTHIE BOWL 14
4. AÇAÍ ČEŠNJEV SMOOTHIE SKLEDA 16
5. AÇAÍ SKLEDA Z MORSKIM MAHOM 18
6. AÇAÍ MANGO MACADAMIA BOWL 20
7. BRAZILSKA SKLEDA AÇAÍ FLOWER POWER 22
8. SKLEDE ZA ZAJTRK S KOKOSOVO KVINOJO 24
9. KOKOSOVA SKLEDA ACAI 26
10. AÇAÍ BERRY SKLEDA S POPARKOM LIMONSKE TRAVE 28
11. KOKOSOVA SKLEDA S KIVIJEM 30
12. KOKOSOVA ČEŠNJEVA SKLEDA 32
13. AÇAÍ SKLEDA Z MIKROZELENJEM ZELJA 34
14. AÇAÍ SKLEDA Z BRAZILSKIMI OREHI 36
15. AÇAÍ BERRY BOWL Z GRANATNIM JABOLKOM 38
16. ZELENA POSODA MATCHA 40
17. AÇAÍ SKLEDA Z BANANO IN KOKOSOM 42
18. SKUTA S SADJEM 44
19. SKLEDA ZA SMOOTHIE IZ KOKOSOVIH JAGOD 46
20. GOJI SKLEDE ZA SQUASH 48
21. GOJI SUPERFOOD JOGURT BOWL 50
22. GOJI BERRY SMOOTHIE BOWL 52
23. SKLEDA S KOKOSOVIMI JAGODAMI 54
24. BUDDHA BERRY BOWL 56
25. POSODA ZA JOGURT GOJI BERRY 58

26. KOKOSOVA BRESKOVA SKLEDA 60
27. ČOKOLADNA SKLEDA BUDDHA 62
28. POSODA ZA CHIA PUDING IZ GOJI JAGOD 64
29. PITAYA SKLEDA ZA BANANE 66
30. KOKOSOVA SKLEDA ZA ANANAS 68
31. SKLEDA ZA JOGURT Z ZMAJEVIM SADJEM IN GRANOLO 70
32. SOLATA ZMAJEVEGA SADJA IN KIVIJA 72
33. PITAYA BERRY BOWL 74
34. PITAYA GREEN BOWL 76
35. ZELENA SKLEDA Z AVOKADOM 78
36. SKLEDA S KOKOSOVO PAPAJO 80
37. BUDDHA TROPICAL BOWL 82
38. BUDDHA SKLEDA ZA ARAŠIDOVO MASLO 84
39. KOKOSOVA SKLEDA Z MANGOM 86
40. JABOLČNA PITA FARRO SKLEDE ZA ZAJTRK 88
41. SKLEDE GRANATNEGA JABOLKA IN FREEKEH TABBOULEH 90
42. VITAMIN C PAPAYA BOWLS 92
43. SKLEDA Z OVSENIMI KOSMIČI GOJI BERRY 94
44. ZELENA SKLEDA AÇAÍ S SADJEM IN JAGODAMI 96
45. BUDDHA GREEN BOWL 98
46. GREEN POWER FRUIT BOWL 100
47. SKLEDA ZA BANANE IZ ARAŠIDOVEGA MASLA 102
48. ČOKOLADNA POSODA ZA BELJAKOVINE 104
49. TOFU BERRY BOWL 106
50. SKLEDA ZA SADJE GREEN GODDESS 108
MAVRIČNA SADNA SOLATA 110
51. EKSOTIČNA SADNA SOLATA 111
52. PRAZNIČNA SADNA SOLATA 113
53. SADNA SOLATA POZIMI 115
54. KREMNA SOLATA IZ TROPSKEGA SADJA 117
55. SADNA SOLATA NA FILIPINSKI 119

56. HAUPIA Z EKSOTIČNO SADNO SOLATO 121
57. SADNA SOLATA AMBROZIJA 123
58. SADNA SOLATA Z METINIM PRELIVOM 125
59. ŠRILANŠKA SADNA SOLATA 127
60. SADNA SOLATA MIMOZA 129
61. MOJITO SADNA SOLATA 131
62. SADNA SOLATA MARGARITA 133
63. SADNA IN RIŽEVA SOLATA Z OREŠČKI 135
64. SADNA SOLATA Z OREHI 137
65. SADNA PARFE SOLATA 139
MAVRIČNE VEGGIE SOLATNE SKLEDE 141
66. MAVRIČNA SOLATA 142
67. NASTURTIUM IN GROZDNA SOLATA 145
68. SOLATA IZ MAČEHICE 147
69. ZELENA SOLATA Z UŽITNIMI CVETOVI 149
70. POLETNA SOLATA S TOFUJEM IN UŽITNIMI CVETOVI 151
RAINBOW POKE SKLEDE 154
71. SKLEDA Z ZMAJEVIM SADJEM IN LOSOSOM 155
72. HAWAIIAN AHI POKE 157
73. SKLEDE IZ TUNE Z MANGOM 159
74. SKLEDA ZA ZAČINJENO TUNINO 162
75. SKLEDA Z LOSOSOM SHOYU IN SPICY MAYO 165
76. KALIFORNIJSKE IMITACIJE RAKOVICE POKE BOWLS 168
77. ZAČINJENE SKLEDE Z RAKOVICAMI 170
78. KREMNE SKLEDE S KOZICAMI SRIRACHA 173
79. POSODA ZA RIBE IN WASABI POKE 176
80. KETO SPICY AHI TUNA POKE BOWL 179
81. LOSOS IN KIMCHI Z MAYO POKE 181
82. KIMCHI LOSOSOV POKE 183
83. SKLEDE ZA PEČENO TUNO 185
MAVRIČNE SKLEDE ZA SUSHI 188

84. POMARANČNE SKODELICE ZA SUŠI 189
85. SKLEDA ZA PRAŽENJE SUŠIJA 192
86. SKLEDA ZA SUŠI Z JAJCEM, SIROM IN ZELENIM FIŽOLOM 194
87. PEACH SUSHI BOWL 196
88. SKLEDA ZA SUŠI RATATOUILLE 198
89. HRUSTLJAVO OCVRT TOFU SKLEDA ZA SUŠI 200
90. AVOKADOVA SKLEDA ZA SUŠI 203
MAVRIČNE SKLEDE BUDHA 205
91. TOFU SCRAMBLE BOWLS Z BRSTIČNIM OHROVTOM 206
92. NIÇOISE SKLEDE Z LEČO IN DIMLJENIM LOSOSOM 209
93. SKLEDE Z DIMLJENIM LOSOSOM IN SOBA REZANCI 212
94. MAROŠKE SKLEDE Z LOSOSOM IN PROSOM 214
95. TAJSKE SKLEDE S KOKOSOVIM CURRYJEM 217
96. VEGETARIJANSKE SKLEDE ZA SUŠI 220
97. CVETAČNE FALAFEL POWER BOWLS 223
98. SKLEDE S ČRNIM FIŽOLOM IN CHORIZOM 226
99. SKLEDE ZA ZAJTRK V POČASNEM KUHALNIKU CONGEE 229
100. SKLEDE ZA ZAJTRK Z AJDO IN ČRNIM FIŽOLOM 232
ZAKLJUČEK 234

UVOD

Dobrodošli v "MAVRIČNE SKLEDE VESELJA", kulinarični pustolovščini, ki presega običajnost in vas vabi v svet, kjer je vsaka barva na vašem krožniku obljuba prehrane in čistega užitka. V družbi, ki jo pogosto zaznamujejo hiter tempo življenja in hitri obroki, te mavrične sklede stojijo kot svetilnik veselja – slavljenje hranljive moči, ki jo najdemo v živahnem spektru darov narave.

Predstavljajte si, da stopite v kuhinjo, kjer živahni odtenki svežih izdelkov ustvarjajo bleščečo paleto, vsaka sestavina pa je poteza čopiča na platnu zdravega obroka. "Mavrične sklede veselja" niso le zbirka receptov; so oda veselju, ki izhaja iz objema raznolike palete sestavin , od katerih vsaka prispeva k vašemu dobremu počutju na edinstven način.

V tej kuharski knjigi se podajamo na potovanje skozi okuse in barve ter raziskujemo prehransko bogastvo, ki ga vsaka sestavina prinese na mizo. Vsaka skleda je kulinarična mojstrovina, simfonija tekstur in okusov, ki ne le nasitijo vašega apetita, temveč tudi nahranijo vaše telo od znotraj.

Ta kuharska knjiga je vaš vodnik, ne glede na to, ali ste dobro seznanjeni s svetom zdravega prehranjevanja ali novinec, ki želi raziskati možnosti prehranjevanja z veseljem. Skupaj se potopimo v svet, kjer je vsaka skleda praznik, vsaka sestavina vir vitalnosti in vsak grižljaj trenutek čistega veselja.

Torej, z odprtim srcem in željo po barvah in prehrani, naj bodo strani "Mavrične sklede veselja" vaš navdih. Naj bo vaša kuhinja napolnjena z živahnostjo in dobroto, ki izhaja iz objema mavrice okusov. Tukaj je za veselo življenje, ena pisana skleda naenkrat!

MAVRIČNE SKLEDE ZA SADJE

1. Kokosova skleda lubenice

SESTAVINE:
- 1 skodelica zamrznjenih koščkov lubenice
- 1/2 skodelice kokosovega mleka
- 1/2 zamrznjene banane
- 1 žlica listov mete
- Dodatki: narezana banana, koščki sveže lubenice, nastrgan kokos in granola.

NAVODILA
a) Zamrznjene koščke lubenice, kokosovo mleko, zamrznjeno banano in liste mete zmešajte v mešalniku do gladkega. Zmes vlijemo v skledo in dodamo dodatke.

2. Vitamin Boost Açaí Bowl

SESTAVINE:
- ½ Açaí pireja
- 1 skodelica borovnic
- ½ zrelega avokada
- 1 skodelica kokosove vode ali nemlečnega mleka
- ½ skodelice nemlečnega jogurta
- 1 žlica masla iz orehov
- 1 žlica kokosovega olja

NAVODILA
a) Vse skupaj dajte v blender in uživajte.
b) Če želite, da je skleda: dodajte več pireja Açaí in zamrznjeno banano.
c) Mešajte do gostote, prelijte v skledo in na vrh potresite svoje najljubše sveže sadje.

3. Goji Berry Tropical Smoothie Bowl

SESTAVINE:
- 1 skodelica zamrznjenega mešanega tropskega sadja
- 1/2 zamrznjene banane
- 1/2 skodelice kokosovega mleka
- 1/4 skodelice goji jagod
- Dodatki: narezana banana, sveže jagode, nastrgan kokos in granola.

NAVODILA
a) Zamrznjeno mešanico tropskega sadja, zamrznjeno banano, kokosovo mleko in goji jagode zmešajte v mešalniku do gladkega.
b) Zmes vlijemo v skledo in dodamo dodatke.

4. Açaí češnjeva skleda za smoothie

SESTAVINE:
- 4 žlice kokosovega jogurta
- ½ skodelice zamrznjenega Açaija, ki ga je mogoče zajemati
- 2 banani, sveži ali zamrznjeni
- ½ skodelice zamrznjenih češenj
- 1 cm velik kos svežega ingverja

Dodatki:
- Maslo iz indijskih oreščkov
- Kokosov jogurt
- Fige, narezane
- Koščki temne čokolade
- Borovnice
- Češnje

NAVODILA
a) Najprej dodajte kokosov jogurt, preden dodate ostale sestavine v posodo mešalnika in zaprite pokrov.
b) Mešajte pri visoki temperaturi 55 sekund, dokler ne postane kremasto.
c) Zajemite v svojo najljubšo kokosovo skledo, nanesite plast čez prelive in uživajte!

5. Açai skleda z morskim mahom

SESTAVINE:
- Morski mah
- Açaí jagodni pire
- ½ skodelice granole
- 2 žlici mace v prahu
- 2 žlici kakava v prahu
- 1 žlica mandljevega masla
- Sadje po vaši izbiri
- Cimet

NAVODILA
a) Zmešajte sestavine in na vrh dodajte nekaj svežega sadja.
b) Uživajte.

6. Açaí Mango Macadamia Bowl

SESTAVINE:
- ½ Açaí pireja
- 1 zamrznjena banana
- ½ skodelice zamrznjenega manga
- ¼ skodelice mleka iz oreščkov makadamije
- Pest indijskih oreščkov
- 2 vejici mete
- Dodatki: narezan mango, narezane banane, popečene kokosove rezine

NAVODILA
a) Zmešajte vse sestavine , dolijte in uživajte v svoji skledi z mango in makadamijo Açaí!

7. Brazilska skleda za açaí Flower Power

SESTAVINE:
ZA AÇAÍ
- 200 g zamrznjenega açaíja
- ½ banane, zamrznjene
- 100 ml kokosove vode ali mandljevega mleka

PRELIVI
- Granola
- Užitne rože
- ½ banane, sesekljane
- ½ žlice surovega medu
- Semena granatnega jabolka
- Nastrgan kokos
- Pistacije

NAVODILA
a) Preprosto dodajte svoj açaí in banano v kuhinjski robot ali mešalnik in mešajte do gladkega.
b) Odvisno od tega, kako zmogljiv je vaš stroj, boste morda morali dodati malo tekočine, da postane kremast. Začnite s 100 ml in po potrebi dodajte več.
c) Nalijte v skledo, dodajte prelive in uživajte!

8. Sklede za zajtrk s kokosovo kvinojo

SESTAVINE:
- 1 žlica kokosovega olja
- 1½ skodelice rdeče ali črne kvinoje, oprane
- 14-unčna pločevinka nesladkanega svetlega kokosovega mleka
- 4 skodelice vode
- Drobna morska sol
- žlice medu, agavinega ali javorjevega sirupa
- 2 žlički vanilijevega ekstrakta
- Kokosov jogurt
- Borovnice
- goji jagode
- Pražena bučna semena
- Praženi nesladkani kokosovi kosmiči

NAVODILA

a) V ponvi na srednjem ognju segrejte olje. Dodajte kvinojo in med pogostim mešanjem pražite približno 2 minuti. Počasi vmešajte pločevinko kokosovega mleka, vodo in ščepec soli. Kvinoja bo sprva brbotala in brbotala, vendar se bo hitro usedla.

b) Zavremo, nato pokrijemo, zmanjšamo ogenj in kuhamo približno 20 minut, dokler ne postane mehka, kremasta. Odstranite z ognja in vmešajte med, agavin sirup, javorjev sirup in vanilijo.

c) Za serviranje kvinojo razdelite v sklede. Prelijte z dodatnim kokosovim mlekom, kokosovim jogurtom, borovnicami, goji jagodami, bučnimi semeni in kokosovimi kosmiči.

9. Kokosova acai skleda

SESTAVINE:
- 1 paket zamrznjenega acai pireja
- 1/2 zamrznjene banane
- 1/2 skodelice kokosovega mleka
- 1/4 skodelice zamrznjenih borovnic
- 1 žlica medu
- Dodatki: narezana banana, nastrgan kokos, granola in sveže jagode.

NAVODILA
a) V mešalniku zmešajte acai pire, zamrznjeno banano, kokosovo mleko, borovnice in med do gladkega.
b) Zmes vlijemo v skledo in dodamo dodatke.

10. Açaí Jagodna skleda z infuzijo limonske trave

SESTAVINE:
- 2 žlici svežih malin
- 2 žlici svežih robid
- 2 žlici svežih borovnic
- 2 žlici svežega črnega ribeza
- 2 čajni žlički jagod Açaí v prahu
- 800 ml poparka limonske trave, hladno
- malo mineralne vode
- kanček javorjevega sirupa ali ščepec stevije v prahu

NAVODILA
a) Sveže jagode in prah Açaí jagod dajte v mešalnik ali kuhinjski robot, dodajte poparek limonske trave in zmešajte do gladke, svilnate teksture.
b) Po potrebi dodajte malo mineralne vode, da dosežete želeno konsistenco.

11. Kokosova skleda s kivijem

SESTAVINE:
- 1/2 skodelice zamrznjenega kivija
- 1/2 skodelice kokosovega mleka
- 1/2 zamrznjene banane
- 1 žlica lanenih semen
- Dodatki: narezana banana, rezine svežega kivija, nastrgan kokos in granola.

NAVODILA
a) Zamrznjen kivi, kokosovo mleko, zamrznjeno banano in lanena semena zmešajte v mešalniku do gladkega.
b) Zmes vlijemo v skledo in dodamo dodatke.

12. Kokosova češnjeva skleda

SESTAVINE:
- 1/2 skodelice zamrznjenih češenj
- 1/2 skodelice kokosovega mleka
- 1/2 zamrznjene banane
- 1 žlica kakavovih zrn
- Dodatki: narezana banana, sveže češnje, nastrgan kokos in granola.

NAVODILA
a) Zamrznjene češnje, kokosovo mleko, zamrznjeno banano in kakavove zrne zmešajte v mešalniku do gladkega.
b) Zmes vlijemo v skledo in dodamo dodatke.

13. Açaí skleda z mikrozelenjem zelja

SESTAVINE:
- ½ skodelice mikrozelenja zelja
- 1 zamrznjena banana
- 1 skodelica zamrznjenih rdečih jagod
- 4 žlice prahu Açaí
- ¾ skodelice mandljevega ali kokosovega mleka
- ½ skodelice navadnega grškega jogurta
- ¼ čajne žličke mandljevega ekstrakta

OKRAS:
- Praženi kokosovi kosmiči
- Sveže sadje, kot so rezine breskev, borovnice, maline, robide, jagode ali češnje.
- Granola ali praženi oreščki/semena
- Pokapajte med

NAVODILA
a) Zmešajte mleko in jogurt v velikem mešalniku z visoko hitrostjo. Dodajte zamrznjeno sadje Açaí, mikrozelenje zelja in mandljev ekstrakt. Nadaljujte z mešanjem pri nizki temperaturi, dokler ne postane gladko, le po potrebi dodajte dodatno tekočino. Biti mora GOSTO in kremasto, kot sladoled!

b) Smoothie razdelite v dve skledi in ga prelijte z vsemi svojimi najljubšimi prelivi.

14. Açaí skleda z brazilskimi orehi str

SESTAVINE:
- ½ skodelice brazilskih orehov
- 2 marelici, namočeni
- 1½ skodelice vode
- 1 žlica Açaí v prahu
- ¼ skodelice robid, zamrznjenih
- 1 ščepec soli

NAVODILA
a) Brazilske oreščke zmešajte z vodo in precedite skozi žično cedilo.
b) Zmešajte z vsemi ostalimi sestavinami .

15. Açaí Berry Bowl z granatnim jabolkom

SESTAVINE:
- 8 unč zamrznjenega pireja Açaí, odmrznjenega
- 1 skodelica zamrznjenih malin
- 1 skodelica zamrznjenih borovnic
- 1 skodelica zamrznjenih robid
- 1 skodelica zamrznjenih jagod
- ½ skodelice semen granatnega jabolka
- 1½ skodelice soka granatnega jabolka

NAVODILA
a) V veliki skledi zmešajte Açaí, maline, borovnice, robide, jagode in semena granatnega jabolka. Mešanico razdelite na 4 zamrzovalne vrečke z zadrgo. Zamrznite do enega meseca, dokler ni pripravljen za postrežbo.

b) Vsebino ene vrečke dajte v mešalnik, dodajte izdatno ⅓ skodelice soka granatnega jabolka in mešajte do gladkega. Postrezite takoj.

16. Zelena posoda Matcha

SESTAVINE:
- 1 zamrznjena banana
- 1/2 skodelice zamrznjenih mešanih jagod
- 1 žlička matcha prahu
- 1/2 skodelice mandljevega mleka
- Dodatki: narezana banana, sveže jagode in granola.

NAVODILA
a) Zamrznjeno banano, mešano zamrznjeno jagodičevje, matcha prah in mandljevo mleko zmešajte v mešalniku do gladkega.
b) Zmes vlijemo v skledo in dodamo dodatke.

17. Açaí skleda z banano in kokosom

SESTAVINE:

- ¾ skodelice jabolčnega soka
- ½ skodelice kokosovega jogurta
- 1 banana
- 2 skodelici zamrznjenih mešanih jagod
- 150 g zamrznjenega pireja Açaí

Dodatki:

- Jagode
- Banana
- Granola
- Kokosovi kosmiči
- Arašidovo maslo

NAVODILA:

a) V vaš mešalnik dodajte jabolčni sok in kokosov jogurt.
b) Dodajte preostale sestavine in zaprite pokrov. Izberite spremenljivko 1 in počasi povečujte do spremenljivke 10. Z nabijačem potisnite sestavine v rezila in jih mešajte 55 sekund ali dokler niso gladke in kremaste.

18. Skuta s sadjem

SESTAVINE:
- 1 skodelica skute
- 1/2 skodelice narezanih breskev
- 1/2 skodelice narezanih jagod
- 1/4 skodelice sesekljanih orehov
- 1 žlica medu

NAVODILA
a) V skledi zmešamo skuto in med.
b) Po vrhu potresemo narezane breskve, narezane jagode in sesekljane orehe.

19. Skleda za smoothie iz kokosovih jagod

SESTAVINE:
- 1 skodelica zamrznjenih mešanih jagod
- 1/2 skodelice kokosovega mleka
- 1 zamrznjena banana
- 1 žlica medu
- Dodatki: narezana banana, sveže jagode, nastrgan kokos in granola.

NAVODILA
a) V mešalniku zmešajte mešano zamrznjeno jagodičevje, kokosovo mleko, zamrznjeno banano in med do gladkega.
b) Zmes vlijemo v skledo in dodamo dodatke.

20. Goji sklede za squash

SESTAVINE:
- 2 srednji želodovi buči
- 4 čajne žličke kokosovega olja
- 1 žlica javorjevega sirupa ali rjavega sladkorja
- 1 čajna žlička garam masala
- Drobna morska sol
- 2 skodelici navadnega grškega jogurta
- Granola
- goji jagode
- Granatno jabolko
- Sesekljani pekani
- Pražena bučna semena
- Maslo iz orehov
- Konopljina semena

NAVODILA
a) Pečico segrejte na 375°F.
b) Bučo prerežite na pol od peclja do dna. Izdolbite in zavrzite semena. Meso vsake polovice premažite z oljem in javorjevim sirupom, nato pa potresite z garam masalo in ščepcem morske soli. Bučo položite na obrobljen pekač s prerezano stranjo navzdol. Pečemo do mehkega, 35 do 40 minut.
c) Bučo obrnemo in rahlo ohladimo.
d) Za serviranje vsako polovico buče napolnite z jogurtom in granolo. Potresemo z goji jagodami, granatnim jabolkom, orehi in bučnimi semeni, pokapamo z maslom iz orehov in potresemo s konopljinimi semeni.

21. Goji superfood posoda za jogurt

SESTAVINE:
- 1 skodelica grškega jogurta
- 1 čajna žlička kakava v prahu
- ½ čajne žličke vanilije
- Semena granatnega jabolka
- Konopljina semena
- Chia semena
- goji jagode
- Borovnice

NAVODILA
a) Združite vse sestavine v skledi.

22. Goji Berry Smoothie Bowl

SESTAVINE:
- 1/2 skodelice zamrznjenih mešanih jagod
- 1/2 zamrznjene banane
- 1/2 skodelice mandljevega mleka
- 1/4 skodelice goji jagod
- Dodatki: narezana banana, sveže jagode, nastrgan kokos in granola.

NAVODILA

a) Zamrznjeno mešanico jagodičja, zamrznjeno banano, mandljevo mleko in goji jagode zmešajte v mešalniku do gladkega.
b) Zmes vlijemo v skledo in dodamo dodatke.

23. Skleda s kokosovimi jagodami

SESTAVINE:

- 1/2 skodelice zamrznjenih mešanih jagod
- 1/2 skodelice kokosovega mleka
- 1/2 zamrznjene banane
- 1 žlica mandljevega masla
- Dodatki: narezana banana, sveže jagode, nastrgan kokos in granola.

NAVODILA

a) Zamrznjeno mešanico jagodičevja, kokosovo mleko, zamrznjeno banano in mandljevo maslo zmešajte v mešalniku do gladkega.
b) Zmes vlijemo v skledo in dodamo dodatke.

24. Buddha Berry Bowl

SESTAVINE:
- 1/2 skodelice zamrznjenih mešanih jagod
- 1/2 zamrznjene banane
- 1/2 skodelice grškega jogurta
- 1/4 skodelice granole
- Dodatki: narezana banana, sveže jagode in nastrgan kokos.

NAVODILA

a) V skledi zmešajte mešano zamrznjeno jagodičje, zamrznjeno banano, grški jogurt in granolo.

b) Na vrh položite narezano banano, sveže jagode in narezan kokos.

25. Jogurtova posoda goji jagod

SESTAVINE:
- 1 skodelica grškega jogurta
- 1/4 skodelice goji jagod
- 1/4 skodelice granole
- 1 žlica medu
- Dodatki: narezana banana in sveže jagode.

NAVODILA
a) V skledi zmešajte grški jogurt, goji jagode, granolo in med.
b) Po vrhu potresemo narezano banano in sveže jagode.

26. Kokosova skleda breskev

SESTAVINE:
- 1/2 skodelice zamrznjenih breskev
- 1/2 skodelice kokosovega mleka
- 1/2 zamrznjene banane
- 1 žlica makadamijevih oreščkov
- Dodatki: narezana banana, rezine sveže breskve, nastrgan kokos in granola.

NAVODILA
a) Zamrznjene breskve, kokosovo mleko, zamrznjeno banano in oreščke makadamije zmešajte v mešalniku do gladkega.
b) Zmes vlijemo v skledo in dodamo dodatke.

27. Čokoladna skleda Buddha

SESTAVINE:
- 1/2 skodelice zamrznjenih mešanih jagod
- 1/2 zamrznjene banane
- 1/2 skodelice mandljevega mleka
- 1 žlica kakava v prahu
- Dodatki: narezana banana, sveže jagode in granola.

NAVODILA
a) V mešalniku zmešajte mešano zamrznjeno jagodičevje, zamrznjeno banano, mandljevo mleko in kakav v prahu do gladkega.
b) Zmes vlijemo v skledo in dodamo dodatke.

28. Posoda za puding s chia goji jagodami

SESTAVINE:

- 1/2 skodelice chia semen
- 1 1/2 skodelice mandljevega mleka
- 1/4 skodelice goji jagod
- 1 žlica medu
- Dodatki: narezana banana in sveže jagode.

NAVODILA

a) V skledi zmešajte chia semena, mandljevo mleko, goji jagode in med. Pustite stati v hladilniku vsaj 1 uro ali čez noč.

b) Po vrhu potresemo narezano banano in sveže jagode.

29. Pitaya skleda za banane

SESTAVINE:
- 1 pakiranje zamrznjene pitaye
- 1 zamrznjena banana
- 1/2 skodelice kokosovega mleka
- 1 žlica medu
- Dodatki: narezana banana, granola in nastrgan kokos.

NAVODILA

a) V mešalniku zmešajte zamrznjeno pitajo, zamrznjeno banano, kokosovo mleko in med do gladkega.

b) Zmes vlijemo v skledo in dodamo dodatke.

30. Kokosova skleda za ananas

SESTAVINE:

- 1/2 skodelice zamrznjenega ananasa
- 1/2 skodelice kokosovega mleka
- 1/2 zamrznjene banane
- 1 žlica chia semen
- Dodatki: narezana banana, koščki svežega ananasa, nastrgan kokos in granola.

NAVODILA

a) Zamrznjen ananas, kokosovo mleko, zamrznjeno banano in chia semena zmešajte v mešalniku do gladkega.
b) Zmes vlijemo v skledo in dodamo dodatke.

31. Skleda za jogurt zmajevega sadja in granole

SESTAVINE:

- 1 zmajevo sadje
- 1 skodelica grškega jogurta
- 1/2 skodelice granole
- 1 žlica medu

NAVODILA

a) Dragon fruit prerežite na pol in izdolbite meso.
b) V skledi zmešamo grški jogurt in med.
c) V ločeni skledi položite meso zmajevega sadja, mešanico grškega jogurta in granolo.
d) Plasti ponavljajte, dokler ne porabite vseh sestavin.
e) Postrežemo ohlajeno.

32. Solata z zmajevim sadjem in kivijem

SESTAVINE:

- 1 kačji sadež, prerezan na pol, izdolben in narezan na kocke
- 1 kivi, olupljen in narezan na kolobarje
- ½ skodelice borovnic
- ½ skodelice malin
- ½ skodelice jagod

NAVODILA

a) Z žlico previdno izdolbite meso kačjega sadja, lupino pa pustite neokrnjeno, da jo lahko uporabite kot servirno skledo.
b) Zmajevo sadje, kivi in jagode narežite na kocke.
c) Zmešajte in postavite nazaj v lupino pitaje kot skledo.

33. Pitaya Berry Bowl

SESTAVINE:
- 1 pakiranje zamrznjene pitaye
- 1/2 skodelice zamrznjenih mešanih jagod
- 1/2 zamrznjene banane
- 1/2 skodelice mandljevega mleka
- Dodatki: sveže jagode, narezana banana, granola in nastrgan kokos.

NAVODILA
a) V mešalniku zmešajte zamrznjeno pitaya paket, zamrznjeno mešanico jagodičevja, zamrznjeno banano in mandljevo mleko, dokler ne postane gladko.
b) Zmes vlijemo v skledo in dodamo dodatke.

34. Pitaya zelena skleda

SESTAVINE:
- 1 pakiranje zamrznjene pitaye
- 1/2 zamrznjene banane
- 1/2 skodelice zamrznjenega ananasa
- 1/2 skodelice špinače
- 1/2 skodelice kokosove vode
- Dodatki: narezana banana, sveže jagode, granola in nastrgan kokos.

NAVODILA

a) Zamrznjen paket pitaya, zamrznjeno banano, zamrznjen ananas, špinačo in kokosovo vodo zmešajte v mešalniku do gladkega.

b) Zmes vlijemo v skledo in dodamo dodatke.

35. Zelena skleda z avokadom

SESTAVINE:
- 1/2 avokada
- 1/2 skodelice zamrznjenega ananasa
- 1/2 skodelice špinače
- 1/2 skodelice kokosove vode
- Dodatki: narezana banana, sveže jagode in granola.

NAVODILA
a) V mešalniku zmešajte avokado, zamrznjen ananas, špinačo in kokosovo vodo do gladkega.
b) Zmes vlijemo v skledo in dodamo dodatke.

36. Skleda s kokosovo papajo

SESTAVINE:
- 1/2 skodelice zamrznjene papaje
- 1/2 skodelice kokosovega mleka
- 1/2 zamrznjene banane
- 1 žlica chia semen
- Dodatki: narezana banana, koščki sveže papaje, nastrgan kokos in granola.

NAVODILA
a) Zamrznjeno papajo, kokosovo mleko, zamrznjeno banano in chia semena zmešajte v mešalniku do gladkega.
b) Zmes vlijemo v skledo in dodamo dodatke.

37. Tropska skleda Buddha

SESTAVINE:
- 1/2 skodelice zamrznjenega mešanega tropskega sadja
- 1/2 zamrznjene banane
- 1/2 skodelice kokosove vode
- 1 žlica chia semen
- Dodatki: narezana banana, sveže jagode in granola.

NAVODILA
a) Zamrznjeno mešanico tropskega sadja, zamrznjeno banano, kokosovo vodo in chia semena zmešajte v mešalniku do gladkega.
b) Zmes vlijemo v skledo in dodamo dodatke.

38. Skleda za arašidovo maslo Buddha

SESTAVINE:
- 1/2 skodelice grškega jogurta
- 1/4 skodelice arašidovega masla
- 1/2 zamrznjene banane
- 1/4 skodelice granole
- Dodatki: narezana banana in sveže jagode.

NAVODILA
a) V skledi zmešajte grški jogurt, arašidovo maslo, zamrznjeno banano in granolo.
b) Po vrhu potresemo narezano banano in sveže jagode.

39. Kokosova skleda z mangom

SESTAVINE:
- 1/2 skodelice zamrznjenega manga
- 1/2 skodelice kokosovega mleka
- 1/2 zamrznjene banane
- 1 žlica konopljinih semen
- Dodatki: narezana banana, koščki svežega manga, nastrgan kokos in granola.

NAVODILA
a) Zamrznjen mango, kokosovo mleko, zamrznjeno banano in konopljina semena zmešajte v mešalniku do gladkega.
b) Zmes vlijemo v skledo in dodamo dodatke.

40. Jabolčna pita Farro Sklede za zajtrk

SESTAVINE:

- 2 jabolki, narezani, razdeljeni
- 1 skodelica (165 g) perlanega farroja
- 4 skodelice (940 ml) vode
- 1½ skodelice (355 ml) mleka (mlečnega ali nemlečnega)
- 1 čajna žlička (2 g) mletega cimeta
- ½ čajne žličke mletega ingverja
- $1/8$ čajne žličke pimenta
- Drobna morska sol
- 2 žlici (30 ml) javorjevega sirupa, medu ali agave
- ½ čajne žličke vanilijevega ekstrakta
- Popečeni orehi
- Rozine
- Pražena bučna semena
- Konopljina semena

NAVODILA

a) Dodajte eno od sesekljanih jabolk, skupaj s farro, vodo, mlekom, cimetom, ingverjem, pimentom in ščepcem soli v srednje veliko ponev in premešajte. Zavremo. Zmanjšajte ogenj na nizko, pokrijte in med občasnim mešanjem kuhajte, dokler se ne zmehča, 30 do 35 minut. Vsa tekočina se ne absorbira. Odstranite z ognja, vmešajte javorjev sirup, med ali agavo in vanilijo, nato pokrijte in kuhajte na pari 5 minut.

b) Za serviranje farro razdelite med sklede. Dodajte preostalo jabolko in potresite z orehi orehi, rozine, bučna semena in konopljina semena.

41. Granatno jabolko in Freekeh Tabbouleh sklede

SESTAVINE:

- ¾ skodelice (125 g) razpokanega freekeha
- 2 skodelici (470 ml) vode
- Fina morska sol in sveže mlet črni poper
- 1 hrustljavo jabolko, očiščeno in narezano na kocke, razdeljeno
- 1 skodelica (120 g) granatnega jabolka
- ½ skodelice (24 g) sesekljane sveže mete
- 1 žlica (15 ml) ekstra deviškega oljčnega olja
- 1½ žlice (23 ml) vode pomarančnih cvetov
- 2 skodelici (480 g) navadnega grškega jogurta
- Praženi nesoljeni mandlji, sesekljani

NAVODILA

a) V srednji ponvi zmešajte freekeh, vodo in ščepec soli. Zavremo, nato zmanjšamo ogenj na nizko in med občasnim mešanjem pustimo vreti 15 minut, dokler ne popije vsa tekočina in se freekeh zmehča. Odstavimo z ognja, pokrijemo s pokrovko in dušimo približno 5 minut. Freekeh prestavimo v skledo in popolnoma ohladimo.

b) Freekehu dodajte polovico jabolka in granatnega jabolka, meto, olivno olje in nekaj mletega popra ter dobro premešajte, da se poveže.

c) Vmešajte vodo pomarančnih cvetov v jogurt, da se dobro poveže.

d) Za postrežbo razdelite freekeh med sklede. Prelijte z jogurtom z vonjem pomaranč, preostalim jabolkom in mandlji.

42. Sklede s papajo vitamina C

SESTAVINE:
- 4 žlice (40 g) amaranta, razdeljenega
- 2 majhni zreli papaji (približno 1 funt ali 455 g vsaka)
- 2 skodelici (480 g) kokosovega jogurta
- 2 kivija, olupljena in narezana na kocke
- 1 velika roza grenivka, olupljena in narezana na segmente
- 1 velika pomaranča za popek, olupljena in razrezana na segmente
- Konopljina semena
- Črna sezamova semena

NAVODILA
a) Visoko široko ponev segrevajte na srednje močnem ognju nekaj minut. Če je ponev dovolj vroča, preverimo tako, da dodamo nekaj zrn amaranta. V nekaj sekundah bi morali zatrepetati in počiti. Če ne, ponev segrevajte še minuto dlje in ponovno preizkusite. Ko je ponev dovolj segreta, dodajte 1 žlico (10 g) amaranta. Zrna naj začnejo pokati v nekaj sekundah. Lonec pokrijte in občasno pretresite, dokler ne popokajo vsa zrna. Pokočen amarant stresite v skledo in ponovite s preostalim amarantom, 1 žlico (10 g) na eno uro.

b) Papaje prerežite na pol po dolžini, od stebla do repa, nato odstranite in zavrzite semena. Vsako polovico napolnimo s pokočenim amarantom in kokosovim jogurtom. Po vrhu naložimo krhlje kivija, grenivke in pomaranče ter potresemo s konopljinimi in sezamovimi semeni.

43. Skleda ovsenih kosmičev goji jagod

SESTAVINE:
- 1 skodelica kuhanih ovsenih kosmičev
- 1/4 skodelice goji jagod
- 1 žlica chia semen
- 1 žlica medu
- Dodatki: narezana banana in sveže jagode.

NAVODILA
a) V skledi zmešajte kuhane ovsene kosmiče, goji jagode, chia semena in med.
b) Po vrhu potresemo narezano banano in sveže jagode.

44. Zelena skleda Açaí s sadjem in jagodami

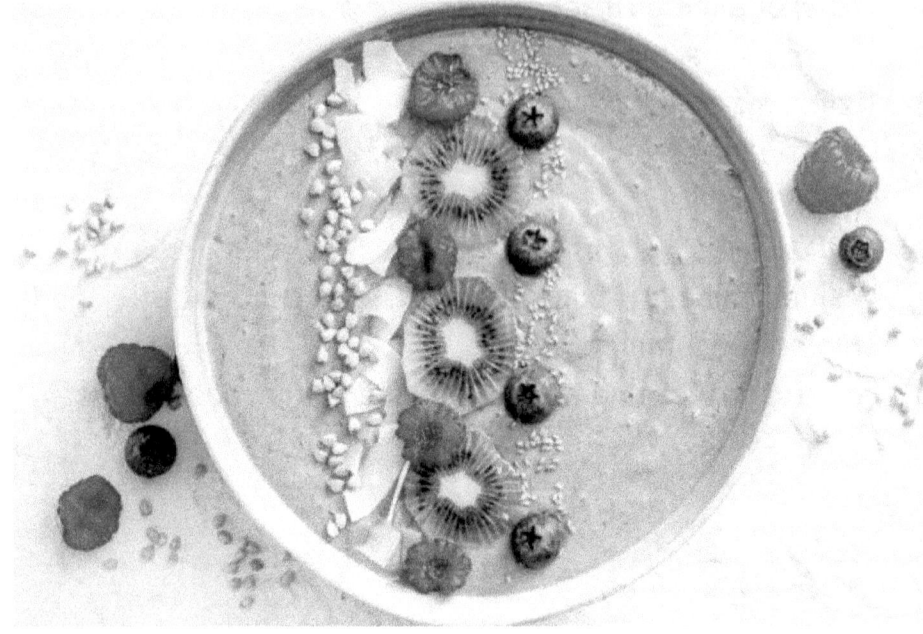

SESTAVINE:

- ½ Açaí pireja
- ⅛ skodelice čokoladnega konopljinega mleka
- ½ banane
- 2 žlici konopljinih beljakovin v prahu
- 1 čajna žlička Maca
- Dodatki: sveže sezonsko sadje, konopljina semena, sveža banana, zlate jagode. Bele murve, goji jagode, kivi

NAVODILA

a) Vse dajte v blender, mešajte, dokler ni res gosto – po potrebi dodajte več tekočine – nato prelijte v skledo.
b) Prelijte s sadjem in čim drugim!

45. Zelena skleda Buda

SESTAVINE:
- 1/2 skodelice zamrznjenega ananasa
- 1/2 zamrznjene banane
- 1/2 skodelice špinače
- 1/2 skodelice mandljevega mleka
- 1 žlica medu
- Dodatki: narezana banana, sveže jagode in granola.

NAVODILA

a) Zamrznjen ananas, zamrznjeno banano, špinačo, mandljevo mleko in med zmešajte v mešalniku do gladkega.

b) Zmes vlijemo v skledo in dodamo dodatke.

46. Skleda za sadje Green Power

SESTAVINE:
- 1/2 skodelice zamrznjenega mešanega tropskega sadja
- 1/2 zamrznjene banane
- 1/2 skodelice ohrovta
- 1/2 skodelice kokosove vode
- Dodatki: narezana banana, sveže jagode in granola.

NAVODILA

a) Zamrznjeno mešanico tropskega sadja, zamrznjeno banano, ohrovt in kokosovo vodo zmešajte v mešalniku do gladkega.

b) Zmes vlijemo v skledo in dodamo dodatke.

47. Banana skleda z arašidovim maslom

SESTAVINE:

- 1 banana, narezana
- 1/4 skodelice arašidovega masla
- 1/4 skodelice sesekljanih arašidov
- 1 žlica medu
- 1/4 skodelice granole

NAVODILA

a) Rezine banan razporedite po skledi.
b) Arašidovo maslo segrevajte v mikrovalovni pečici 10 sekund, da se bo lažje pokapljalo.
c) Banane pokapljajte z arašidovim maslom, nato pa potresite s sesekljanimi arašidi, medom in granolo.

48. Čokoladna beljakovinska skleda

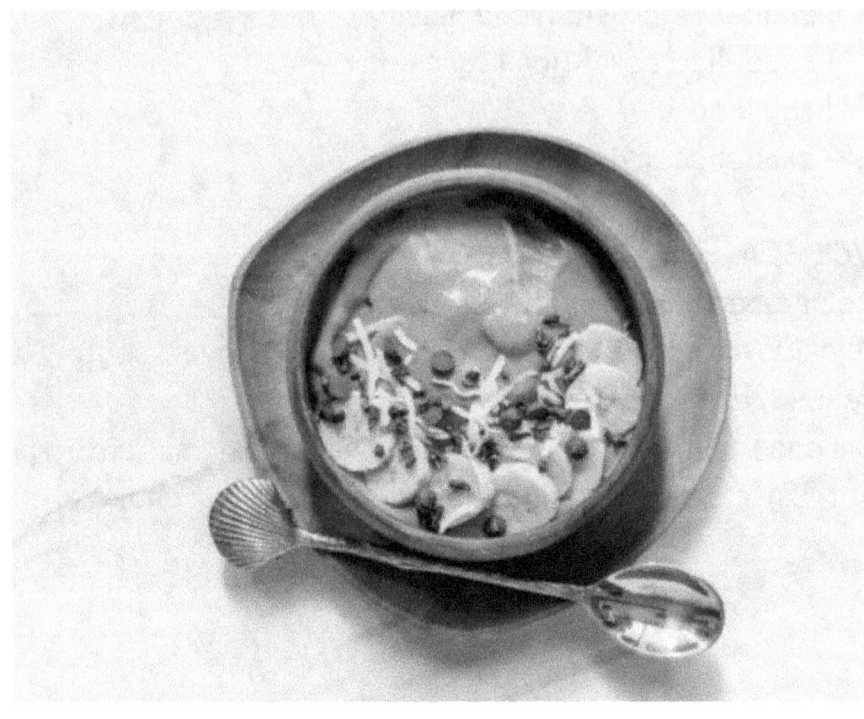

SESTAVINE:
- 1 merica čokoladnih beljakovin v prahu
- 1 skodelica mandljevega mleka
- 1 banana, narezana
- 1 žlica chia semen
- Dodatki: narezani mandlji in nastrgan kokos

NAVODILA

a) V skledi zmešajte beljakovine v prahu in mandljevo mleko.

b) Potresemo z narezano banano, chia semeni, narezanimi mandlji in nastrganim kokosom.

49. Tofu Berry Bowl

SESTAVINE:
- 1/2 skodelice svilenega tofuja
- 1/2 skodelice mešanega jagodičevja (borovnice, maline, jagode)
- 1 žlica medu
- 1/4 skodelice granole

NAVODILA
a) V mešalniku zmešajte svilen tofu in med do gladkega.
b) Po vrhu z mešanimi jagodami in granolo.

50. Sadna skleda Green Goddess

SESTAVINE:
- 1 zamrznjena banana
- 1/2 skodelice zamrznjenega ananasa
- 1/2 skodelice špinače
- 1/2 skodelice kokosove vode
- Dodatki: narezana banana, sveže jagode in granola.

NAVODILA
a) Zamrznjeno banano, zamrznjen ananas, špinačo in kokosovo vodo zmešajte v mešalniku do gladkega.
b) Zmes vlijemo v skledo in dodamo dodatke.

MAVRIČNA SADNA SOLATA

51. Eksotična sadna solata

SESTAVINE:

- 2 zrelega manga, papaje oz
- 6 kivi, olupljen in narezan
- 2 banane, olupljene in narezane
- 2 žlici slaščičarskega sladkorja
- 2 žlici limoninega soka ali medu
- ½ čajne žličke vanilijevega ekstrakta
- ¼ čajne žličke mletih kitajskih 5 začimb v prahu
- ½ maline
- 1 zmajev sadež, narezan na kocke
- Slaščičarski sladkor
- Metini listi

NAVODILA:

a) Stepite sladkor, limonin sok ali med , vanilijo in 5 kitajskih začimb v prahu .
b) Vanj stresite vse sadje.
c) Potresemo s slaščičarskim sladkorjem in okrasimo z listi mete.

52. Praznična sadna solata

SESTAVINE:

- 1 pločevinka koščkov ananasa
- ½ skodelice sladkorja
- 3 žlice večnamenske moke
- 1 jajce, rahlo stepeno
- 2 pločevinki mandarin
- 1 pločevinka hrušk
- 3 kivi
- 2 veliki Jabolka
- 1 skodelica polovic pekanov

NAVODILA:

a) Ananas odcedite, sok pa prihranite . Ananas odstavite. Sok vlijemo v manjšo ponev , dodamo sladkor in moko. Zavremo. Na hitro vmešamo jajca in kuhamo dokler se ne zgosti. Odstavimo z ognja in ohladimo.
b) Ohladite. V veliki skledi zmešajte ananas, pomaranče, hruške, kivi, jabolka in pekan orehe.
c) Prelijemo s prelivom in dobro premešamo. Pokrijte in ohladite 1 uro.

53. Sadna solata pozimi

SESTAVINE:

- 2 žlici orehovega olja
- 2 žlici svežega limoninega soka
- 1 žlica agavinega nektarja
- 1 jabolko Fuji, Gala ali Red Delicious brez sredice
- 1 velika pomaranča, olupljena in narezana
- 1 skodelica rdečega grozdja brez pečk, prepolovljeno
- 1 majhen zvezdasti sadež, narezan

NAVODILA:

a) V majhni skledi zmešajte orehovo olje, limonin sok in agavin nektar.
b) Dobro premešajte in odstavite.
c) V veliki skledi zmešajte jabolko, hruške, pomaranče, grozdje, zvezdasto sadje in orehe.
d) Pokapajte s prelivom, premešajte in postrezite.

54. Kremna solata iz tropskega sadja

SESTAVINE:
- 15,25-unča pločevinke solate iz tropskega sadja, odcejene
- 1 banana, narezana na rezine
- 1 skodelica zamrznjenega stepenega preliva, odmrznjenega

NAVODILA:
a) V srednji skledi zmešajte vse sestavine .
b) Nežno premešajte, da se prekrije.

55. Sadna solata na filipinski način

SESTAVINE:
- 1½ skodelice težke smetane
- Paket po 8 unč. Kremasti sir
- Tri 14-unčne pločevinke sadnega koktajla, odcejene
- 14-unčne pločevinke koščkov ananasa, odcejene
- 14 unč pločevinke ličija, odcejenega
- 1 skodelica kokosa
- 8-unč paket sesekljanih mandljev
- 1½ skodelice narezanih jabolk

NAVODILA:
a) Zmešajte težko smetano in kremni sir do gladke konsistence, podobne omaki. Združite z drugimi sestavinami in dobro premešajte, ohladite čez noč.
b) Liči lahko izpustite, namesto navadnega sadnega koktajla uporabite koktajl iz tropskega sadja in pripravite štiri pločevinke.
c) Filipinci uporabljajo nekaj, kar se imenuje Nestlejeva krema, vendar je ni lahko najti.

56. Haupia z eksotično sadno solato

SESTAVINE:

ZA HAUPIA:
- 1½ skodelice kokosovega mleka
- 6 žlic sladkorja
- 6 žlic koruznega škroba
- ¾ skodelice vode

ZA OMAKO:
- ½ skodelice soka pasijonke
- 1 skodelica sladkorja

ZA SADNO SOLATO:
- 2 na kocke narezana kivija
- 1 na kocke narezan ananas
- 1 na kocke narezana papaja
- 8 kosov ličija
- 1 narezana banana
- 1 narezan mango
- 8 vejic sveže mete

NAVODILA:

a) Haupia: V ponev nalijte kokosovo mleko. Zmešajte sladkor in koruzni škrob, vmešajte vodo in dobro premešajte. Mešanico sladkorja vmešajte v kokosovo mleko.

b) Kuhamo in mešamo na majhnem ognju, dokler se ne zgosti. Nalijte v 8-palčni kvadratni pekač in ohladite, dokler ni čvrst. Z modelčkom za piškote razrežite v obliki solze ali zvezde.

c) Sestavine za omako zavremo . Ohladite se. Zmešajte sestavine za sadno solato , prelijte z omako in odstavite.

d) Tri do štiri kose Haupie položite na hladen krožnik in naokoli razporedite sadje.
e) Okrasite s svežo meto.

57. Sadna solata ambrozija

SESTAVINE:

- 2 pločevinki odcejenih mandarin
- 2 Ananas, drobni koščki, odcejen
- 2 narezani banani
- 2 skodelici grozdja, zelenega ali rdečega brez pečk
- 2 vanilijev jogurt
- 1 skodelica mandljev, narezanih
- 2 skodelici kokosa v kosmičih
- 2 skodelici marshmallows, mini

NAVODILA:
a) Zmešajte vse sestavine in ohladite.

58. Sadna solata z metinim prelivom

SESTAVINE:
- ½ skodelice navadnega jogurta
- 1 žlica medu, dve žlici okusa
- 1 žlica amaretta, dva ščepca
- ½ čajne žličke vanilijevega ekstrakta
- 1 žlica muškatnega oreščka
- 2 žlici mlete sveže mete
- 5 Zvrhanih skodelic svežega sadja, narezanega na koščke
- Celi listi mete za okras

NAVODILA:
a) Združite vse sestavine za preliv v majhni skledi in mešajte, dokler se gladko ne zmešajo.
b) V skledi za mešanje zmešajte sadje. Dodajte preliv in temeljito premešajte.
c) Prestavimo v servirno skledo in okrasimo s celimi listi mete.
d) Pred serviranjem pokrijte in na kratko ohladite.

59. Šrilanška sadna solata

SESTAVINE:

- 2 manga, naribana
- 1 papaja, naribana
- 1 ananas
- 2 pomaranči
- 2 banani
- 1 limeta, sok
- 110 gramov sladkorne vode
- 1 čajna žlička vanilije
- 25 mililitrov ruma

NAVODILA:

a) Olupite in narežite mango, papajo in ananas. Pomaranče olupimo, jim odstranimo peščišča in jih razdelimo na kose. Olupite in narežite banane ter jih pokapajte z limetinim sokom, da preprečite razbarvanje.

b) Vse sadje narahlo premešamo v solatni skledi. Sladkor in vodo skupaj zavremo in ko se sladkor raztopi, odstavimo z ognja in pustimo, da se ohladi. Sladkornemu sirupu dodamo vanilijevo esenco in rum ter prelijemo sadno solato. Pred serviranjem pustite v hladilniku, da se ohladi.

60. Sadna solata Mimoza

SESTAVINE:
- 3 kivije, olupljene in narezane
- 1 skodelica robid
- 1 skodelica borovnic
- 1 skodelica jagod, narezana na četrtine
- 1 skodelica ananasa, narezanega na majhne koščke
- 1 skodelica prosecca, ohlajeno
- ½ skodelice sveže iztisnjenega pomarančnega soka
- 1 žlica medu
- ½ skodelice sveže mete

NAVODILA:
a) V veliki skledi zmešajte vse sadje.
b) Sadje prelijemo s proseccom, pomarančnim sokom in medom ter previdno premešamo.
c) Okrasite z meto in postrezite.

61. Sadna solata Mojito

SESTAVINE:
- 4 skodelice sesekljane lubenice
- 1 funt jagod, sesekljanih
- 6 unč malin
- 6 unč borovnic
- ¼ skodelice pakirane mete, sesekljane
- ¼ skodelice svežega limetinega soka
- 3 žlice sladkorja v prahu

NAVODILA:
a) V veliko skledo dodajte lubenico, jagode, maline, borovnice in meto.
b) V majhni posodi zmešajte limetin sok in sladkor v prahu, nato pa prelijte čez sadje in jagode.
c) Nežno premešajte z lopatko in pustite stati v hladilniku vsaj 15 minut pred serviranjem, da začne naravni sok iz sadja izhajati.

62. Sadna solata Margarita

SESTAVINE:

- 1 Melona in melona, narezana na koščke
- 2 pomaranči in grenivki, olupljeni in narezani
- 1 mango, olupljen in narezan na kocke
- 2 skodelici jagod, prepolovljenih
- ½ skodelice sladkorja
- ⅓ skodelice pomarančnega soka
- 3 žlice tekile
- 3 žlice pomarančnega likerja
- 3 žlice limetinega soka
- 1 skodelica grobo naribanega svežega kokosa

NAVODILA:

a) Zmešajte sadje in ga odstavite. V majhni kozici kuhajte sladkor in pomarančni sok na srednje močnem ognju in med mešanjem 3 minute oziroma dokler se sladkor ne raztopi.

b) Vmešajte tekilo, liker in limetin sok. Rahlo ohladimo na sobno temperaturo.

c) Kombinirajte s sadjem. Pokrijte in ohladite vsaj dve uri ali čez noč.

d) Tik pred serviranjem potresemo s kokosom.

63. Sadna in riževa solata

SESTAVINE:

- 125-gramska mešanica dolgozrnatega in divjega riža, kuhanega
- 298 gramov pločevinke krhljev mandarine,
- 4 mlade čebule, narezane diagonalno
- ½ zelene paprike, očiščene in narezane na rezine
- 50 gramov rozin
- 50 gramov indijskih oreščkov
- 15 gramov naribanih mandljev
- 4 žlice pomarančnega soka
- 1 žlica belega vinskega kisa
- 1 žlica olja
- 1 ščepec muškatnega oreščka
- Sol in sveže mlet črni poper

NAVODILA:

a) Vse sestavine solate damo v skledo in dobro premešamo.
b) V ločeni skledi zmešajte vse sestavine za preliv.
c) Preliv prelijemo čez solato, dobro premešamo in preložimo v servirni krožnik.

64. Sadna solata z orehi

SESTAVINE:
- 1 melona, majhna
- 2 Pomaranče
- 1 skodelica modrega grozdja
- Solatni listi
- 12 polovic orehov
- 8 unč jogurta
- 1 žlica limoninega soka
- 1 žlica pomarančnega soka
- 1 žlica paradižnikovega kečapa
- 2 žlici evaporiranega mleka
- Sol, črtica
- Beli poper, ščepec

NAVODILA:
a) Izdolbite melono z lopatico za melone. Pomaranči odrežemo lupino, odstranimo belo ovojnico in prečno zarežemo.
b) Grozdje prerežite na pol in odstranite pečke. Stekleno skledo obložite z listi solate in po plasteh po solati razporedite kroglice melone, rezine pomaranč, grozdje in orehe.
c) Vse sestavine za preliv dobro premešamo in premešamo . Prilagodite začimbe. Sadje prelijemo s prelivom.
d) Pustite, da se sestavine solate marinirajo 30 minut.

65. Sadna parfe solata

SESTAVINE:

- 1 velika pločevinka zdrobljenega ananasa
- 1 pločevinka nadeva za češnjevo pito
- 1 pločevinka sladkega kondenziranega mleka
- 1 velika škatla Cool Whip

NAVODILA:

a) Lahko se uživa mehko ali rahlo zamrznjeno, vendar je boljšega okusa rahlo zamrznjeno.
b) Nadomestite ga lahko tudi z drugimi nadevi za pite, kot so robide, breskve ali borovnice.

MAVRIČNE VEGGIE SOLATNE SKLEDE

66. Mavrična solata

SESTAVINE:

- 5-unč paket zelene solate
- 5-unča pakiranja rukole
- Pakiranje 5 unč začimbne mešanice Microgreens
- 1 tanko narezana vijolična redkev
- 1/2 skodelice graha, narezanega na tanke rezine
- 1 zelena redkev, narezana na tanke rezine
- 1/4 skodelice rdečega zelja, narezanega
- 2 šalotki, narezani na kolobarje
- 1 redkev iz lubenice, narezana na tanke rezine
- 2 krvni pomaranči, razdeljeni na segmente
- 3 mavrični korenčki, narezani na trakove
- 1/2 skodelice krvavo pomarančnega soka
- 1/2 skodelice ekstra deviškega oljčnega olja
- 1 žlica rdečega vinskega kisa
- 1 žlica posušenega origana
- 1 žlica medu
- Sol in poper, dva okusa
- za okras Užitne rože

NAVODILA:

a) V posodi zmešajte oljčno olje, rdeči vinski kis in origano. Dodajte šalotko in pustite, da se marinira vsaj 2 uri na pultu.
b) Šalotko odstavimo.
c) V kozarcu zmešajte pomarančni sok, olivno olje, med ter malo soli in popra, da postane gosta in gladka. Začinimo s soljo in poprom po okusu.
d) Začinjeno mešanico mikrozelenjave, zelene solate in rukole stresite s približno $\frac{1}{4}$ skodelice vinaigrette v zelo veliko skledo za mešanje.

e) Zmešajte korenje, grah, šalotko in pomarančne dele s polovico redkvic.
f) Sestavite vse in za zaključek dodajte še vinaigrette in užitne rože.

67. Nasturtium in solata iz grozdja

SESTAVINE:
- 1 glava rdeče solate
- 1 skodelica grozdja brez pečk
- 8 listov nasturcija
- 16 Nasturtium cvetovi

VINAIGRETA:
- 3 žlice solatnega olja
- 1 žlica belega vinskega kisa
- 1½ čajne žličke dijonske gorčice
- 1 ščepec črnega popra

NAVODILA:
a) Na vsakega od štirih krožnikov razporedite 5 listov rdeče solate, ¼ skodelice grozdja, 2 lista puhastega puhala in 4 cvetove puhastega moka.
b) V skledi zmešajte vse sestavine za vinaigrette.
c) Preliv enakomerno pokapajte po vsaki solati.
d) Postrezite takoj.

68. Solata z mačeho

SESTAVINE:

- 6 skodelic otroške rukole
- 1 jabolko, zelo tanko narezano
- 1 korenček
- ¼ rdeče čebule, zelo tanko narezane
- peščica različnih svežih zelišč, kot so bazilika, origano, timijan, samo listi
- 2 unči kremastega kozjega sira, za vegane uporabite zdrobljene pistacije
- Mačehice, pecelj odstranjen

VINAIGRETA

- ¼ skodelice rdeče pomaranče
- 3 žlice oljčnega olja
- 3 žlice šampanjskega kisa
- ščepec soli

NAVODILA

a) Zmešajte vinaigrette, katere koli sestavine prilagodite svojemu okusu.
b) Zelenjavo stresemo v široko solatno skledo.
c) Korenček olupimo in narežemo na tanke trakove z lupilcem za zelenjavo.
d) Dodajte zelenju skupaj z rezinami jabolk, čebulo in zelišči.
e) Solato prelijemo s prelivom in okrasimo z drobtin kozjega sira in mačehice.
f) Postrezite takoj.

69. Zelena solata z užitnimi cvetovi

SESTAVINE:
- 1 čajna žlička rdečega vinskega kisa
- 1 čajna žlička dijonske gorčice
- 3 žlice ekstra deviškega oljčnega olja
- Groba sol in sveže mlet poper
- 5 ½ unč nežne zelene solate za dojenčke
- 1 paket neškropljenih viol ali drugega užitnega cvetja

NAVODILA
a) V skledi zmešajte kis in gorčico.
b) Postopoma vmešajte olje, nato pa preliv začinite s soljo in poprom.
c) Preliv prelijemo z zelenjem in na vrhu obložimo s cvetjem. Postrezite takoj.

70. Poletna solata s tofujem in užitnimi cvetovi

SESTAVINE:
ZA POLETNO SOLATO:
- 2 glavi maslene solate
- 1 funt jagnječje solate
- 2 zlata kivija uporabite zeleno, če zlate ni na voljo
- 1 pest užitnih cvetov po želji - jaz sem uporabila večerni jeglič iz svojega vrta
- 1 pest orehov
- 2 žlički sončničnih semen po želji
- 1 limona

ZA TOFU FETA:
- 1 blok tofuja, ki sem ga uporabil zelo trdega
- 2 žlici jabolčnega kisa
- 2 žlici svežega limoninega soka
- 2 žlici česna v prahu
- 2 žlici čebule v prahu
- 1 čajna žlička svežega ali suhega kopra
- 1 ščepec soli

NAVODILA
a) Ekstra čvrst tofu v skledi narežemo na kocke, dodamo vse ostale sestavine in pretlačimo z vilicami.
b) Damo v zaprto posodo in pustimo v hladilniku nekaj ur.
c) Za serviranje razporedite večje liste na dno vaše velike sklede: masleno solato in jagnjetino solato na vrh.
d) Kivi narežemo in položimo na liste solate.
e) V skledo stresite nekaj orehov in sončničnih semen.
f) Užitne rože previdno naberite. Nežno jih položite okoli solate.
g) Tofu feto vzemite iz hladilnika, na tej točki bi jo morali zarezati/zdrobiti. Naokoli postavite nekaj velikih kosov.

h) Polovici limone iztisnite sok, drugo polovico pa prinesite na mizo, da jo dodate.

MAVRIČNE POKE SKLEDE

71. Skleda z zmajevim sadjem in lososom

SESTAVINE:
- 1 zmajevo sadje
- 1 funt lososa za suši, narezan na kocke
- ½ skodelice narezane kumare
- ½ skodelice narezanega avokada
- ¼ skodelice narezanih kapesant
- 2 žlici sojine omake
- 2 žlici riževega kisa
- 1 žlica sezamovega olja
- Sol in poper po okusu
- Kuhan riž, za serviranje

NAVODILA:
a) Dragon fruit prerežite na pol in izdolbite meso.
b) V veliki skledi zmešajte lososa, kumare, avokado in mlado čebulo.
c) V ločeni skledi zmešajte sojino omako, rižev kis, sezamovo olje, sol in poper.
d) Preliv vmešajte v mešanico lososa, dokler se dobro ne premeša.
e) Zložite meso zmajevega sadja.
f) Postrežemo čez kuhan riž.

72. Havajski Ahi Poke

SESTAVINE:

- 1 funt ahi, narezan na 1-palčne kocke
- 2 žlici narezane zelene čebule
- 2 žlici grobo sesekljanega limu kohuja
- 1 žlica drobno narezane sladke čebule Maui
- 1 čajna žlička cimeta
- Havajska sol po okusu
- Po želji: 1-3 havajske čili paprike, narezane na drobne kocke
- Praženi Kukui orehi, 4 oz (113 g)
- Havajska belomorska sol s Havajskih otokov, vreča 2 lb

NAVODILA:

a) Ahi postavite v srednje do veliko skledo.
b) Dodajte sestavine in nežno premešajte, da se združijo.

73. Tunine poke sklede z mangom

SESTAVINE:
- 60 ml sojine omake (¼ skodelice + 2 žlici)
- 30 ml rastlinskega olja (2 žlici)
- 15 ml sezamovega olja (1 žlica)
- 30 ml medu (2 žlici)
- 15 ml Sambal Oelek (1 žlica, glejte opombo)
- 2 žlički svežega naribanega ingverja (glej opombo)
- 3 plehke čebulice, narezane na tanke rezine (beli in zeleni del)
- 454 gramov ahi tune za suši (1 funt), narezane na ¼ ali ½-palčne kose
- 2 skodelici riža za suši, kuhanega v skladu z navodili na embalaži (nadomestite ga s katerim koli drugim rižem ali žitom)

IZBIRNI DODATKI:
- Narezan avokado
- Narezana kumara
- Edamame
- Vložen ingver
- Na kocke narezan mango
- Krompirjev čips ali wonton čips
- sezamovo seme

NAVODILA:

a) V srednje veliki skledi zmešajte sojino omako, rastlinsko olje, sezamovo olje, med, Sambal Oelek, ingver in mlado čebulo.

b) Mešanici dodamo na kocke narezano tuno in premešamo. Pustite, da se mešanica marinira v hladilniku vsaj 15 minut ali do 1 ure.

c) Za serviranje zajemite riž za suši v sklede, prelijte z mariniranim tuninim kosom in dodajte želene prelive.
d) Dodatna omaka bo za prelivanje prelivov; postrezite zraven.

74. Začinjena skleda s tuno

SESTAVINE:

ZA TUNO:
- 1/2 funta tune za suši, narezane na 1/2-palčne kocke
- 1/4 skodelice narezanih kapesant
- 2 žlici sojine omake z zmanjšano vsebnostjo natrija ali tamarija brez glutena
- 1 čajna žlička sezamovega olja
- 1/2 čajne žličke srirače

ZA PIKANTNI MAJONEZ:
- 2 žlici lahke majoneze
- 2 žlički sriracha omake

ZA SKLEDO:
- 1 skodelica kuhanega kratkozrnatega rjavega riža ali belega riža za suši
- 1 skodelica kumar, olupljenih in narezanih na 1/2-palčne kocke
- 1/2 srednje velikega avokada Hass (3 unče), narezanega
- 2 glavici, narezani za okras
- 1 čajna žlička črnega sezama
- Soja z zmanjšano vsebnostjo natrija ali tamari brez glutena, za serviranje (neobvezno)
- Sriracha, za serviranje (neobvezno)

NAVODILA:

a) V majhni skledi zmešajte majonezo in sriracho, razredčite z malo vode, da pokapljate.

b) V srednje veliki skledi zmešajte tunino s kapesanto, sojino omako, sezamovo olje in sriračo. Nežno premešajte, da se poveže in odstavite, medtem ko pripravljate sklede.

c) V dve skledi naložite polovico riža, polovico tunine, avokado, kumare in mlado čebulo.
d) Potresemo s pikantno majonezo in potresemo sezamova semena. Po želji postrezite z dodatno sojino omako.
e) Uživajte v drznih in pikantnih okusih te čudovite sklede za pikantno tuno!

75. Shoyu in Spicy Mayo Salmon Poke Bowl

SESTAVINE:
- 10 oz sašimija lososa ali tune, narezanega na kocke v velikosti grižljaja in razdeljenega na pol
- 2 porciji riža, prednost je japonski kratkozrnati riž
- Furikake začimba

SHOYU MARINADA ZA 5 OZ RIB:
- 1 žlica japonske sojine omake
- $\frac{1}{2}$ čajne žličke sezamovega olja
- $\frac{1}{2}$ čajne žličke praženih sezamovih semen
- 1 zelena čebula, sesekljana
- $\frac{1}{4}$ majhna sladka čebula, narezana na tanke rezine (neobvezno)

ZAČIMBENA MAJONEZA ZA 5 OZ RIB:
- 1 žlica Kewpie majoneze
- 1 čajna žlička sladke čilijeve omake
- $\frac{1}{4}$ čajne žličke Sriracha
- $\frac{1}{4}$ čajne žličke čilijevega ali sezamovega olja La-Yu
- Ščepec morske soli
- 1 zelena čebula, sesekljana
- 1 čajna žlička Tobiko, neobvezno

TOP IDEJE:
- Oluščeni Edamame
- Avokado
- Začinjena solata z rakovicami
- Japonske kumare, narezane na tanke rezine
- Solata iz morskih alg
- Redkvice, narezane na tanke rezine
- Masago
- Vložen ingver
- Wasabi
- Hrustljavo ocvrta čebula

- Redkev Kalčki
- Shichimi Togarashi

NAVODILA:
SHOYU MARINADA:
a) V skledi zmešajte japonsko sojino omako, sezamovo olje, pražena sezamova semena, sesekljano zeleno čebulo, narezano sladko čebulo (neobvezno) in 5 oz na kocke narezanega lososa.

b) Premešajte, da se združi in postavite v hladilnik, medtem ko pripravljate druge sestavine.

ZAČIMBENA MAJONEZA:
c) V skledi zmešajte majonezo Kewpie, omako Sweet Chili, Sriracha, čilijevo olje La-Yu, ščepec morske soli, sesekljano zeleno čebulo. Raven začimb prilagodite okusu tako, da po želji dodate več Sriracha. Dodajte 5 oz na kocke narezanega lososa, premešajte, da se združi, in postavite v hladilnik.

SESTAVLJANJE:
d) Riž položite v dve servirni skledi, potresite z začimbami Furikake.

e) Zgornje sklede riža z lososom Shoyu, pikantnim Mayo lososom, kumarami, avokadom, redkvicami, Edamame in drugimi prednostnimi prelivi.

76. Kalifornijske posode za imitacijo rakov

SESTAVINE:
- 2 skodelici riža basmati ali jasmina
- 1 zavitek praženih trakov morskih alg
- 1 skodelica imitacije rakovega mesa
- ½ manga
- ½ avokada
- ½ skodelice angleške kumare
- ¼ skodelice jalapeña, narezanega na kocke
- 4 žlice pikantne majoneze
- 3 žlice riževega kisa
- 2 žlici balzamične glazure
- 1 žlica sezamovih semen

NAVODILA:
a) Skuhajte riž po navodilih na embalaži. Ko je kuhano, vmešajte rižev kis in ga položite v skledo.
b) Mango in zelenjavo narežite na zelo drobne kocke. Jalapeno narežite na rezine za pikantno hrustljavost. Položite jih na vrh riža.
c) V skledo dodajte drobno narezano imitacijo rakovega mesa.
d) Pokapajte začinjeno majonezo in balzamično glazuro po skledi za dodaten okus. Na vrh potresemo trakove sezama in morskih alg.
e) Uživajte!

77. Začinjene sklede z rakovicami

SESTAVINE:
RIŽ ZA SUŠI:
- 1 skodelica kratkozrnatega riža za suši
- 2 žlici riževega kisa
- 1 čajna žlička sladkorja

POKE BOWL OMAKA:
- 1 žlica rjavega sladkorja
- 3 žlice mirina
- 2 žlici riževega kisa
- 3 žlice sojine omake
- $\frac{1}{4}$ čajne žličke koruznega škroba

ZAČINJENA SOLATA Z RAKOVICAMI:
- 8 unč imitacije rakovega mesa, narezanega ali sesekljanega
- ⅓ skodelice majoneze (v japonskem slogu, če je na voljo)
- 2 žlici sriracha, bolj ali manj po okusu

POKE BOWL (UPORABITE POLJUBNO):
- Solata iz morskih alg
- Narezane kapestose
- Narezane kumare
- Julienne korenje
- Avokado v kockah
- Listi sveže špinače
- Vložen daikon ali druge japonske kisle kumarice
- sezamovo olje
- sezamovo seme

NAVODILA:
PRIPRAVITE SUŠI RIŽ:

a) Skuhajte suši riž v skladu z navodili na embalaži. Ko je kuhan, potresemo z riževim kisom in sladkorjem. Nežno premešajte, da se združi. Pustite, da se riž nekoliko ohladi.

NAREDITE OMAKO POKE BOWL:

b) V hladni ponvi zmešajte rjavi sladkor, mirin, rižev kis, sojino omako in koruzni škrob. Omako segrejemo na zmernem ognju, zavremo in pustimo vreti eno minuto. Med tem postopkom mešajte. Ugasnite ogenj in pustite, da se omaka ohladi, medtem ko pripravljate druge sestavine v skledi.

PRIPRAVITE ZAČINJENO SOLATO IZ RAKOV:

c) V skledi zmešajte imitacijo rakovega mesa, majonezo in sriračo. Sriračo ali majonezo prilagodite svojim željam.

d) Hladite, dokler ni pripravljen za uporabo.

SESTAVITE POKE BOWLS:

e) V plitvih skledah pripravimo osnovo z rižem in/ali svežo špinačo. Prelijte z začinjeno rakovico in dodatnimi prelivi po vaši izbiri.

f) Pripravljeno poke omako pokapljamo po sestavljenih skledicah. Dodajte kanček sezamovega olja in potresite sezamova semena za dodaten okus.

g) Postrezite takoj s hladnimi sestavinami na toplem rižu. Uživajte v čudoviti mešanici začinjene rakovice, suši riža in sladke sojine omake!

78. Kremne sklede s kozicami Sriracha

SESTAVINE:
ZA POKE BOWLS:
- 1 lb kuhanih kozic
- 1 list nori, narezan na trakove
- 1 avokado, narezan
- 1 paket solate iz morskih alg
- 1/2 rdeče paprike, narezane na kocke
- 1/2 skodelice rdečega zelja, na tanke rezine
- 1/3 skodelice cilantra, drobno sesekljanega
- 2 žlici sezamovih semen
- 2 žlici wonton trakov

ZA SUŠI RIŽ:
- 1 skodelica kuhanega riža za suši (približno 1/2 skodelice suhega - glejte embalažo za količino vode, običajno 1 1/2 skodelice)
- 2 žlici sladkorja
- 2 žlici riževega vinskega kisa

ZA KREMNO OMAKO SRIRACHA:
- 1 žlica srirače
- 1/2 skodelice kisle smetane

ZA KORUZO LIMONSKE TRAVE:
- 1/2 skodelice koruze
- 1/2 stebla limonske trave, na tanke rezine
- 1 strok česna, sesekljan
- 1 žlica sojine omake

NAVODILA:
PRIPRAVITE SUŠI RIŽ:
a) Riž za suši skuhajte v riževem kuhalniku ali po navodilih na embalaži. Ko končate s kuhanjem, dodajte sladkor in rižev kis ter premešajte.

Kremna omaka Sriracha:

b) Zmešajte sriračo in kislo smetano. V to omako stresite kozice. Uporabite predhodno kuhane kozice ali zamrznjene surove kozice odmrznite in kuhajte v vodi 2-3 minute.

Koruza limonske trave:

c) Med mešanjem pražite koruzo, sojino omako, česen in limonsko travo na srednje močnem ognju 5-6 minut, dokler niso kuhane.

SESTAVITE POKE BOWLS:

d) V vsako skledo dodajte riž za suši, nato ga položite s kozicami in vsemi drugimi prelivi, vključno s trakovi nori, rezinami avokada, solato iz morskih alg, na kocke narezano rdečo papriko, na tanke rezine narezano rdeče zelje, cilantro, sezamova semena in trakove wonton.

e) Vse skupaj zmešajte v skledi, tako da so kremaste kozice, obložene s sriračo, enakomerno porazdeljene.

79. Posoda za ribe in vasabi

SESTAVINE:
ZA RIBE:
- 1 file lososa ali tune (prepričajte se, da gre za sašimi/suši - varen za uživanje surov!) ali uporabite dimljenega lososa, kuhanega piščanca, kozice itd.
- ⅓ skodelice kokosovih aminokislin
- ¼ skodelice skladnega pomarančnega soka
- Skladen Wasabi
- 1 zavitek (2 žlici) Tessemae's Avocado Ranch Dressing

ZA SKLEDO:
- Cvetačni riž (kuhan ali surov)
- Na kocke narezana kumara
- Na kocke narezan mango
- Na kocke narezan ananas
- Na kocke narezana rdeča čebula
- Zelena čebula
- Narezano korenje
- Snap Peas
- Možnosti in vsestranskosti je neskončno!

NAVODILA:
PRIPRAVITE RIBE:
a) Ribo filetirajte, če še niste.
b) Ribo narežemo na majhne kocke.

NAREDITE MARINADO:
c) V majhni skledi zmešajte kokosove aminokisline, pomarančni sok, wasabi in Tessemae's Avocado Ranch Dressing.
d) V tej mešanici marinirajte ribje kocke 10-15 minut.
Sestavite skledo:

e) Uporabite toliko ali čim manj sadja in zelenjave, kot želite. To je tvoja posoda!
f) V skledi zmešajte cvetačni riž, na kocke narezano kumaro, na kocke narezan mango, na kocke narezan ananas, na kocke narezano rdečo čebulo, zeleno čebulo, narezano korenje in grah.
g) Marinirane ribje kocke nežno položite na sestavljeno zelenjavo in cvetačni riž.

80. Keto Spicy Ahi Tuna Poke Bowl

SESTAVINE:
- 1 funt Ahi Tuna Poke Kit podjetja Vital Choice
- 1 serija azijske sladke in začinjene majoneze (recept spodaj)

NEOBVEZNI DODATKI IN OKRASKI:
- Cvetačni riž
- Riž brez ogljikovih hidratov
- Organski oluščeni edamame
- Ostrgano zelje
- Naribano korenje
- Fermentirano korenje
- Marinirane gobe
- Sladka čebula
- Avokado
- Narezana zelena čebula
- Črna sezamova semena
- kumare
- Redkvice
- Cilantro

NAVODILA:
PRIPRAVITE AZIJSKO SLADKO IN ZAČIMBNO MAJO:
a) V majhni skledi pripravite serijo azijske sladke in začinjene majoneze po priloženem receptu. Dati na stran.

SESTAVITE POKE BOWL:
b) V skledo razporedite neobvezne prelive in okraske po vaši izbiri.
c) Čez razporejene sestavine v skledi položite narezano tuno za suši (iz kompleta Ahi Tuna Poke Kit).

d) Pokapajte azijsko sladko in začinjeno majonezo omako po vrhu posode za poke.

81. Losos in kimchi z Mayo Poke

SESTAVINE:

- 2 žlički sojina omaka
- 1 čajna žlička nariban svež ingver
- 1/2 žličke drobno sesekljan česen
- 1 lb losos, narezan na 3/4-palčne kose
- 1 čajna žlička praženo sezamovo olje
- 1/2 c sesekljanega kimčija
- 1/2 c. na tanke rezine narezane kapestose (samo zeleni deli)
- Sol dva ključa

NAVODILA:

a) V majhni skledi zmešajte sojino omako, ingver in česen. Premešajte in pustite ingver in česen približno 5 minut, da se zmehčata.

b) V srednje veliki skledi premešajte lososa s sezamovim oljem, dokler ni enakomerno prevlečen – to bo preprečilo, da bi kislost v kimčiju »skuhala« ribe. Dodajte kimči, mlado čebulo in mešanico sojine omake.

c) Nežno premešajte, dokler ni popolnoma premešano. Okusite in po potrebi dodajte sol; če je vaš kimči že dobro začinjen, morda ne boste potrebovali soli.

d) Postrezite takoj ali tesno pokrijte in hranite v hladilniku za en dan. Če pustite, da se poke marinira, ga ponovno poskusite tik pred serviranjem; morda ga boste morali začiniti s ščepcem soli.

82. Kimchi lososov poke

SESTAVINE:

- 2 žlički sojina omaka
- 1 čajna žlička nariban svež ingver
- 1/2 žličke drobno sesekljan česen
- 1 lb losos, narezan na 3/4-palčne kose
- 1 čajna žlička praženo sezamovo olje
- 1/2 c sesekljanega kimčija
- 1/2 c. na tanke rezine narezane kapestose (samo zeleni deli)
- Sol dva ključa

NAVODILA:

a) V majhni skledi zmešajte sojino omako, nariban svež ingver in sesekljan česen. Premešajte in pustite ingver in česen približno 5 minut, da se zmehčata.

b) V srednje veliki skledi premešajte lososa s popečenim sezamovim oljem, dokler ni enakomerno prekrit. To preprečuje, da bi kislost v kimčiju "skuhala" ribe.

c) V skledo z lososom dodamo sesekljan kimči, na tanke rezine narezano mlado čebulo in mešanico sojine omake. Nežno premešajte, dokler ni popolnoma premešano.

d) Pokev poskusite in po potrebi dodajte sol. Če je kimči že dobro začinjen, morda ne boste potrebovali dodatne soli.

e) Postrezite takoj ali tesno pokrijte in hranite v hladilniku za en dan. Če marinirate, ponovno poskusite tik pred serviranjem in po potrebi dodajte sol.

83. Sklede za pečeno tuno

SESTAVINE:
ZA POKE
- 1 funt Irresistibles pečene tune in tatakija
- Kuhan beli riž za serviranje zraven poke

ZA MARINADO
- ¼ skodelice sladke čebule, narezane na tanke rezine
- 1 čebulica, narezana na pokonci (približno ¼ skodelice) in več za okras
- 2 stroka česna, nasekljana
- 2 žlički črnih sezamovih semen, opečenih in več za okras
- 2 čajni žlički indijskih oreščkov (praženih in nesoljenih), sesekljanih in opečenih
- 1 narezan rdeči čili in še več za okras
- 3 žlice sojine omake
- 2 žlici sezamovega olja
- 2 žlici riževega kisa
- 1 žlička limetinega soka
- 1 žlica sriracha plus več za serviranje
- ¼ čajne žličke morske soli
- ½ čajne žličke kosmičev rdeče paprike (neobvezno)

DODATNE MOŽNOSTI OKRASOV
- Narezana kumara
- Narezane redkvice
- Narezano zelje
- Kosmiči morskih alg
- Sesekljan avokado
- Edamame

NAVODILA:

a) Zmešajte vse sestavine za marinado v veliki skledi in dodajte popečene rezine tune ter jih nežno premešajte, da se prekrijejo.
b) Pokrijte in ohladite 10-30 minut.
c) Odstranite iz hladilnika in postrezite na posteljici belega riža skupaj z okrasi, ki jih želite, in nekaj pekoče omake/sriracha ob strani.

MAVRIČNE SKLEDE ZA SUSHI

84. Oranžne skodelice za suši

SESTAVINE:
- 1 skodelica pripravljenega tradicionalnega riža za suši
- 2 pomaranči brez pečk
- 2 žlički nabrane slive
- 2 žlički praženih sezamovih semen
- 4 veliki listi shiso ali listi bazilike
- 4 čajne žličke mlete zelene čebule, samo zeleni deli
- 4 imitacije rakovih palic, igralni slog
- 1 list nori

NAVODILA:
a) Pripravite suši riž.
b) Pomaranče prečno prerežemo na pol. Odstranite majhno rezino z dna vsake polovice, tako da bo vsaka ravno ležala na deski za rezanje. Z žlico odstranite notranjost vsake polovice. Morebitne sokove, pulpo in koščke rezervirajte za drugo uporabo, na primer za omako Ponzu.
c) Konice prstov pomočite v vodo in v vsako oranžno skledo dajte približno 2 žlici pripravljenega suši riža.
d) Po rižu namažemo ½ čajne žličke vložene slivove kaše. V vsako skledo dodajte še 2 žlici riža. Po rižu potresemo ½ čajne žličke opečenih sezamovih semen.
e) V vogal vsake sklede zataknite en list shiso. V vsako skledo naložite 1 čajno žličko zelene čebule pred liste shiso. Vzemite imitacije rakovih palčk in jih podrgnite med dlanmi, da jih razrežete, ali jih z nožem narežite na koščke. Na vsako skledo naložite rakovico v vrednosti ene palice.

f) Za serviranje nori z nožem narežite na kocke vžigalic. Vsako skledo potresite z nekaj koščki nori. Postrezite s sojino omako.

85. Skleda za praženje sušija

SESTAVINE:
- 1½ skodelice riža za suši
- 4 veliki listi maslene solate
- ½ skodelice praženih arašidov, grobo sesekljanih
- 4 čajne žličke mlete zelene čebule, samo zeleni deli
- 4 velike gobe šitake, ki jim odstranimo stebla in jih narežemo na tanke rezine
- Pikantna mešanica tofuja
- ½ korenčka, spiralno narezanega ali naribanega

NAVODILA:
a) Pripravite mešanico suši riža in pikantnega tofuja.
b) Liste maslene solate razporedite po servirnem pladnju.
c) V srednji skledi zmešajte pripravljen suši riž, pražene arašide, mleto zeleno čebulo in rezine gob šitake.
d) Zmešan riž razdelite med solatne "skledice".
e) Nežno zapakirajte riž v skledo zelene solate.
f) Začinjeno mešanico tofuja razdelite med sklede zelene solate.
g) Na vrh vsakega potresemo nekaj korenčkov ali rezin korenja.
h) Sklede za mešanje postrezite z nekaj sladkanega sojinega sirupa.

86. Skleda za suši z jajcem, sirom in zelenim fižolom

SESTAVINE:
- 1½ skodelice pripravljenega tradicionalnega riža za suši
- 10 stročjih fižolov, blanširanih in narezanih na trakove
- 1 list japonske omlete, narezan na kocke
- 4 žlice kozjega sira, zdrobljenega
- 2 žlički mlete zelene čebule, samo zeleni deli

NAVODILA:
a) Pripravite suši riž in japonsko omleto.
b) Namočite konice prstov, preden dodate ¾ skodelice riža za suši v vsako skledo.
c) Nežno poravnajte površino riža v vsaki skledi.
d) Stročji fižol, koščke jajc za omleto in kozji sir razdelite med dve skledi v privlačen vzorec.
e) Za serviranje v vsako skledo potresite 1 čajno žličko zelene čebule.

87. Peach Sushi Bowl

SESTAVINE:
- 2 skodelici pripravljenega tradicionalnega riža za suši
- 1 velika breskev, očiščena in narezana na 12 rezin
- ½ skodelice riževega preliva za suši
- ½ čajne žličke česnove čili omake
- Brizganje temnega sezamovega olja
- 1 šop vodne kreše, debela stebla odstranimo

PRELIVI PO IZBIRI
- Avokado
- Losos
- tuna

NAVODILA:
a) Pripravite suši riž in dodaten suši rižev preliv.
b) Krhlje breskev dajte v srednje veliko skledo. Dodajte rižev preliv za suši, česnovo čili omako in temno sezamovo olje.
c) Breskve dobro premešajte v marinadi, preden jih pokrijete.
d) Breskve pustite stati pri sobni temperaturi v marinadi vsaj 30 minut in največ 1 uro.
e) Navlažite konice prstov, preden daste ½ skodelice pripravljenega suši riža v vsako skledo.
f) Nežno poravnajte površino riža.
g) Prelive enakomerno porazdelite v privlačnem vzorcu po vrhu vsake sklede, pri čemer pustite 3 rezine breskev na porcijo.
h) Postrezite z vilicami in sojino omako za pomakanje.

88. Ratatouille skleda za suši

SESTAVINE:
- 2 skodelici pripravljenega tradicionalnega suši riža
- 4 veliki paradižniki, blanširani in olupljeni
- 1 žlica mlete zelene čebule, samo zeleni deli
- $\frac{1}{2}$ majhnega japonskega jajčevca, opečenega in narezanega na majhne kocke
- 4 žlice pražene čebule
- 2 žlici sezamovega preliva iz rezancev

NAVODILA:
a) Pripravite rižev preliv za suši in sezamove rezance.
b) Riž za suši, zeleno čebulo, jajčevce, ocvrto čebulo in preliv iz sezamovih rezancev dajte v srednje veliko skledo in dobro premešajte.
c) Vsakemu paradižniku odrežite vrhove in izdolbite sredino.
d) V vsako paradižnikovo skledo dajte $\frac{1}{2}$ skodelice mešane mešanice riža za suši.
e) S hrbtno stranjo žlice nežno sploščite riž.
f) Paradižnikove sklede postrezite z vilicami.

89. Hrustljava skleda za suši iz ocvrtega tofuja

SESTAVINE:

- 4 skodelice pripravljenega tradicionalnega suši riža
- 6 unč trdega tofuja, narezanega na debele rezine
- 2 žlici krompirjevega ali koruznega škroba
- 1 velik beljak, zmešan z 1 čajno žličko vode
- ½ skodelice krušnih drobtin
- 1 čajna žlička temnega sezamovega olja
- 1 čajna žlička jedilnega olja
- ½ čajne žličke soli
- En korenček, narezan na 4 vžigalice
- ½ avokada, narezanega na tanke rezine
- 4 žlice kuhanih koruznih zrn
- 4 čajne žličke mlete zelene čebule, samo zeleni deli
- 1 nori, narezan na tanke trakove

NAVODILA:

a) Pripravite suši riž.
b) Rezine položite med plasti papirnatih brisač ali čistih kuhinjskih brisač in nanje postavite težko skledo.
c) Pustite, da se rezine tofuja odcedijo vsaj 10 minut.
d) Pečico segrejte na 375°F.
e) Odcejene rezine tofuja potopite v krompirjev škrob.
f) Rezine položite v mešanico jajčnih beljakov in jih obrnite za premaz.
g) V srednji skledi zmešajte panko, temno sezamovo olje, sol in olje za kuhanje.
h) Rahlo pritisnite nekaj mešanice panko na vsako od rezin tofuja.
i) Rezine položite na pekač, obložen s pergamentnim papirjem.
j) Pečemo 10 minut, nato rezine obrnemo.

k) Pečemo še 10 minut oziroma dokler panko prevleka ni hrustljava in zlato rjava.
l) Rezine vzamemo iz pečice in pustimo, da se nekoliko ohladijo.
m) Zberite 4 majhne servirne sklede. Namočite konice prstov, preden dodate $\frac{3}{4}$ skodelice riža za suši v vsako skledo.
n) Nežno poravnajte površino riža v vsaki skledi. Rezine panko tofuja razdelite med 4 sklede.
o) V vsako skledo dodajte $\frac{1}{4}$ korenčkovih vžigalic.
p) V vsako skledo dajte $\frac{1}{4}$ rezin avokada. Na vrh vsake sklede nasujte 1 žlico koruznih zrn.
q) Če želite postreči, na vsako skledo potresite $\frac{1}{4}$ nori trakov. Postrezite s sladkanim sojinim sirupom ali sojino omako.

90. Avokadova skleda za suši

SESTAVINE:
- 1½ skodelice pripravljenega tradicionalnega riža za suši
- ¼ majhne jice, olupljene in narezane na vžigalice
- ½ jalapeño čilija, odstranjenega in grobo sesekljanega popra
- Sok ½ limete
- 4 žlice riževega preliva za suši
- ¼ avokada, olupljenega, brez pečk in narezanega na tanke rezine
- 2 vejici svežega koriandra, za okras

NAVODILA:
a) Pripravite suši riž in suši rižev preliv.
b) Zmešajte vžigalice jicama, sesekljan jalapeño, limetin sok in rižev preliv za suši v majhni nekovinski skledi. Pustite, da se okusi mešajo vsaj 10 minut.
c) Odcedite tekočino iz mešanice jicama.
d) Namočite konice prstov, preden dodate ¾ skodelice riža za suši v vsako skledo.
e) Nežno poravnajte površino riža.
f) Na vrh vsake sklede nasujte ½ mariniranih jicama.
g) Rezine avokada razdelite med 2 skledi in vsako razporedite v privlačen vzorec po rižu.
h) Za serviranje vsako skledo napolnite z vejico svežega koriandra in omako Ponzu.

MAVRIČNE SKLEDE BUDA

91. Tofu Scramble Bowls z brstičnim ohrovtom

SESTAVINE:

- 2 skodelici (140 g) drobno narezanega toskanskega ohrovta
- ½ funta (224 g) brstičnega ohrovta, narezanega in narezanega
- 2½ žlici (37 ml) avokada ali ekstra deviškega oljčnega olja, razdeljeno
- Sok iz ½ limone
- Košer sol in sveže mlet črni poper
- 1 velik sladki krompir, narezan na kolesca
- ½ čajne žličke paprike
- 14 unč (392 g) ekstra čvrstega tofuja, stisnjenega in odcejenega
- 3 kapesato, beli in zeleni deli, na tanke rezine
- 2 žlici (6 g) prehranskega kvasa
- 1 čajna žlička (2 g) mlete kurkume
- ½ čajne žličke česna v prahu
- 2 avokada, olupljena, brez koščic in narezana na tanke rezine
- 1 recept za omako iz zelenega tahinija
- Sončnična semena

NAVODILA

a) Pečico segrejte na 425 °F (220 °C ali plinska oznaka 7).
b) V veliko skledo dodajte ohrovt in brstični ohrovt. Natrite s ½ žlice (7 ml) olja ter premešajte z limoninim sokom in ščepcem soli; dati na stran.
c) Krompirjeve rezine dodajte na obrobljen pekač in premešajte z 1 žlico (15 ml) olja, papriko, soljo in poprom. Pražimo, dokler se ne zmehča in rahlo porjavi,

približno 20 minut, na polovici pa enkrat premešamo. Medtem pripravimo tofu.

d) Dodajte tofu v srednje veliko skledo in ga z vilicami ali prsti razdrobite v majhne skute. V veliki ponvi na srednje močnem ognju segrejte preostalo 1 žlico (15 ml) olja. Dodajte mlado čebulo in jo pražite, dokler ni mehka in zadišeča, približno 2 minuti. Dodajte tofu in pražite 2 minuti. Dodajte prehranski kvas, kurkumo, česen v prahu, sol in poper ter mešajte, dokler se dobro ne poveže. Nadaljujte s kuhanjem, dokler se tofu ne segreje in rahlo porjavi, 4 do 5 minut dlje.

e) Za serviranje porazdelite ohrovt in brstični ohrovt v sklede. Na vrh položite pražen sladki krompir, umešan tofu in avokado, nato pokapljajte z zeleno tahinijevo omako in potresite s sončničnimi semeni.

92. Niçoise sklede z lečo in dimljenim lososom

SESTAVINE:
- ¾ skodelice (144 g) francoske leče
- Košer sol in sveže mlet črni poper
- 8 prstastih krompirjev, po dolžini prepolovljenih
- 2 žlici (30 ml) avokada ali ekstra deviškega oljčnega olja, razdeljeno
- 1 šalotka, narezana na kocke
- 6 unč (168 g) stročjega fižola, narezanega
- 2 pakirani skodelici (40 g) rukole
- 1 skodelica (150 g) grozdnih paradižnikov, prepolovljenih
- 8 redkvic, narezanih na četrtine
- 1 čebulica koromača, obrezana in na tanke rezine narezana
- 4 trdo kuhana jajca, razpolovljena
- 4 unče (115 g) na tanke rezine narezanega dimljenega lososa
- 1 recept Vinaigrette iz belega vina in limone

NAVODILA
a) Pečico segrejte na 425 °F (220 °C ali plinska oznaka 7).
b) Dodajte lečo in velikodušen ščepec soli v srednje velik ponev in pokrijte z vodo za vsaj 2 palca (5 cm). Zavremo, nato zmanjšamo ogenj in pustimo vreti, dokler se ne zmehča, približno 25 minut. Odvečno vodo odcedimo.
c) Krompir premešajte z 1 žlico (15 ml) olja, soljo in poprom. Razporedite v eni plasti na obrobljen pekač. Pražite, dokler se ne zmehča in rahlo porjavi, približno 20 minut. Dati na stran.

d) Medtem v ponvi na srednjem ognju segrejte preostalo 1 žlico (15 ml) olja. Šalotko dušite do mehkega, približno 3 minute. Dodamo stročji fižol ter začinimo s soljo in poprom. Kuhajte, občasno premešajte, dokler se ne zmehča, približno 5 minut.
e) Za serviranje razdelite lečo in rukolo v sklede. Povrh s hrustljavim krompirjem, stročjim fižolom, paradižnikom, redkvico, koromačem, jajcem in dimljenim lososom. Pokapljajte z belim vinom in limoninim vinom.

93. Sklede z dimljenim lososom in soba rezanci

SESTAVINE:

- 4 žlice (60 ml) tamarija
- 1 žlica (15 ml) riževega kisa
- 1 žlica (6 g) sveže naribanega ingverja
- 1 čajna žlička (5 ml) praženega sezamovega olja
- ½ čajne žličke medu
- 6 unč (168 g) suhe ajdove kaše
- rezanci
- 1 skodelica (120 g) oluščenega edamama
- 4 unče (115 g) na tanke rezine narezanega dimljenega lososa
- 1 srednje velika kumara brez pečk, olupljena in narezana na julien
- 1 avokado, olupljen, brez koščic in narezan na tanke rezine
- Nastrgan nori
- Kosmiči rdeče paprike

NAVODILA

a) V majhni skledi zmešajte tamari, rižev kis, ingver, sezamovo olje in med; dati na stran.
b) Velik lonec osoljene vode zavremo. Rezance soba skuhajte po navodilih na embalaži. Rezance odcedite in temeljito sperite s hladno vodo. Omako še enkrat premešamo in rezance prelijemo z 1 žlico (15 ml) omake.
c) Za serviranje razdelite soba rezance v sklede. Na vrh z edamamom, dimljenim lososom, kumaro in avokadom. Prelijemo z omako in potresemo z nori in kosmiči rdeče paprike.

94. Maroške sklede z lososom in prosom

SESTAVINE:

- ¾ skodelice (130 g) prosa
- 2 skodelici (470 ml) vode
- Košer sol in sveže mlet črni poper
- 3 žlice (45 ml) avokada ali ekstra deviškega oljčnega olja, razdeljeno
- ½ skodelice (75 g) posušenega ribeza
- ¼ skodelice (12 g) drobno sesekljane sveže mete
- ¼ skodelice (12 g) drobno sesekljanega svežega peteršilja
- 3 srednje velike korenčke
- 1½ žlice (9 g) harise
- 1 čajna žlička (6 g) medu
- 1 strok česna, sesekljan
- ½ čajne žličke mlete kumine
- ½ čajne žličke mletega cimeta
- 4 (4 do 6 unč, 115 do 168 g) lososovi fileji
- ½ srednje velike angleške kumare, sesekljane
- 2 pakirani skodelici (40 g) rukole
- 1 recept za metino jogurtovo omako

NAVODILA

a) Pečico segrejte na 425 °F (220 °C ali plinska oznaka 7).

b) Dodajte proso v veliko, suho ponev in pražite na srednjem ognju do zlato rjave barve, 4 do 5 minut. Dodamo vodo in obilen ščepec soli. Voda bo brizgala, vendar se bo hitro umirila. Zavremo. Zmanjšajte ogenj na nizko, vmešajte 1 žlico (15 ml) olja, pokrijte in kuhajte, dokler se večina vode ne vpije, 15 do 20 minut. Odstavite z ognja in v loncu dušite 5 minut. Ko se ohladi, vmešajte ribez, meto in peteršilj.

c) Medtem olupite in narežite korenje na ½ palca (1,3 cm) debele kolobarje. V srednji skledi zmešajte 1½ žlice (23 ml) olja, harisso, med, česen, sol in poper. Dodajte korenje in premešajte, da se združi. Razporedite v enakomerni plasti na eno stran s pergamentom obloženega pekača. Korenje pražimo 12 minut.
d) V majhni skledi zmešajte preostalo ½ žlice (7 ml) olja, kumino, cimet in ½ čajne žličke soli. S čopičem premažite fileje lososa. Pekač vzamemo iz pečice. Korenje obrnemo, nato pa na drugo stran razporedimo lososa. Pecite, dokler se losos ne skuha in zlahka razkosmi, 8 do 12 minut, odvisno od debeline.
e) Za serviranje razdelite proso z zelišči v sklede. Na vrh položite file lososa, pečeno korenje, kumaro in rukolo ter pokapljajte z metino jogurtovo omako.

95. Tajske sklede s kokosovim curryjem

SESTAVINE:

- 1 žlica (14 g) kokosovega olja
- 3 stroki česna, sesekljani
- 1½ žlice (9 g) drobno sesekljanega svežega ingverja
- 2 žlici (30 g) rdeče tajske curry paste
- 1 (14 unč ali 392 g) pločevinka nesladkanega kokosovega mleka
- 1½ skodelice (355 ml) zelenjavne osnove
- 1 limeto, olupljeno, nato narezano na kolesca
- Košer sol in sveže mlet črni poper
- 14 unč (392 g) ekstra čvrstega tofuja, stisnjenega, odcejenega in narezanega na kocke
- 8 unč (225 g) stročjega fižola, narezanega
- 2 čajni žlički (10 ml) tamarija
- 1 glavica brokolija, narezana na cvetove
- 16 unč (455 g) bučkinih rezancev
- 1 skodelica (70 g) narezanega rdečega zelja
- Praženi nesoljeni arašidi, sesekljani
- Sesekljan svež cilantro

NAVODILA

a) V srednji ponvi na srednjem ognju segrejte olje. Dodajte česen in ingver, premešajte, da se prekrije, in kuhajte, dokler ne zadiši, približno 30 sekund. Vmešajte curry pasto in kuhajte še 1 minuto. Vmešajte kokosovo mleko, osnovo in limetino lupinico ter začinite s soljo in poprom. Zavremo, nato zmanjšamo ogenj in pustimo vreti 15 minut. Vmešajte tofu in stročji fižol ter dušite še 5 minut. Odstavite z ognja, vmešajte tamari in začinite po okusu.

b) Medtem na pari skuhamo brokoli.

c) Za serviranje razdelite rezance iz bučk v sklede. Na vrh dajte tofu in stročji fižol, brokoli in zelje. Po vrhu prelijemo curry omako, potresemo z arašidi in koriandrom ter dodamo kanček limetinega soka.

96. Vegetarijanske sklede za suši

SESTAVINE:

- 1 skodelica (165 g) rjavega riža
- 2 skodelici (470 ml) in 2 žlici (30 ml) vode, razdeljeno
- Košer sol in sveže mlet črni poper
- 14 unč (392 g) ekstra čvrstega tofuja, stisnjenega in odcejenega
- ¼ skodelice (60 ml) sojine omake
- 2 žlici (30 ml) riževega kisa
- 1 čajna žlička (6 g) medu 2 stroka česna, nasekljana
- 2 srednje velika korenčka, olupljena in narezana na trakove
- ½ kumare brez semen, narezane na tanke rezine
- 2 avokada, olupljena, brez koščic in narezana na tanke rezine
- narezana
- 2 glavici, narezani na tanke rezine
- Nastrgan nori
- sezamovo seme
- 1 recept za miso ingverjevo omako

NAVODILA

a) Pečico segrejte na 400 °F (200 °C ali plinska oznaka 6).
b) V srednje veliko ponev dodajte riž, 2 skodelici (470 ml) vode in velikodušen ščepec soli ter zavrite. Zmanjšajte ogenj na nizko, pokrijte in kuhajte, dokler se riž ne zmehča, 40 do 45 minut. Odstavite z ognja in kuhajte riž pod pokrovom 10 minut.
c) Medtem tofu narežemo na trikotnike. V plitvi posodi zmešajte sojino omako, rižev kis, preostali 2 žlici (30 ml) vode, med in česen. Dodajte tofu, nežno premešajte, da se združi, in marinirajte vsaj 10 minut.

d) Tofu razporedite v eno plast na obrobljen pekač in zavrzite preostalo marinado. Kuhajte, dokler spodnji del tofuja rahlo ne porjavi, približno 12 minut. Tofu obrnite in kuhajte še 12 minut.
e) Za serviranje riž razdelite med sklede. Na vrh dajte tofu, korenček, kumare in avokado. Okrasite s kapesanto, nori in sezamovimi semeni ter pokapajte z miso-ingverjevo omako.

97. Močne sklede za falafel iz cvetače

SESTAVINE:
- 3 skodelice ali 2 (15 unč ali 420 g) pločevinke čičerike, odcejene in oprane
- 1 majhna rdeča čebula, grobo sesekljana
- 2 stroka česna
- 2 žlici (30 ml) sveže iztisnjenega limoninega soka
- ½ pakirane skodelice (24 g) svežih listov peteršilja
- ½ pakirane skodelice (8 g) svežih listov cilantra
- 2 čajni žlički (4 g) mlete kumine
- 1 čajna žlička (2 g) mletega koriandra
- ⅛ čajne žličke kajenskega popra
- Košer sol in sveže mlet črni poper
- 3 žlice (24 g) večnamenske moke
- 1 čajna žlička (5 g) pecilnega praška
- 1 žlica (15 ml) avokada ali ekstra deviškega oljčnega olja
- 16 unč (455 g) riževe cvetače
- 2 čajni žlički (4 g) za'atarja
- 2 pakirani skodelici (40 g) rukole
- 1 srednje velika rdeča paprika, brez jedra in narezana
- 2 avokada, olupljena, brez koščic in narezana na kocke
- Rdeče zelje ali kislo peso
- Humus

NAVODILA
a) Če uporabljate posušen fižol, dodajte čičeriko v srednje veliko skledo in jo pokrijte z vodo za vsaj 1 palec (2,5 cm). Pustite jih nepokrite stati na sobni temperaturi 24 ur.
b) Pečico segrejte na 375 °F (190 °C ali plinska oznaka 5).
c) V skledo kuhinjskega robota dodajte odcejeno čičeriko, čebulo, česen, limonin sok, peteršilj, koriander, kumino,

koriander, kajenski list, 1 čajno žličko (6 g) soli in $\frac{1}{4}$ čajne žličke popra. Utripajte približno 10-krat, dokler se čičerika ne seseklja. Postrgajte po stenah sklede, dodajte moko in pecilni prašek ter mešajte, dokler se zmes dobro ne premeša.

d) Zajemite približno 2 žlici mešanice in jo v dlaneh razvaljajte v kroglico. Prenesite na rahlo pomaščen pekač in z lopatko sploščite v $\frac{1}{2}$-palčni (1,3 cm) debel disk. Ponovite s preostankom mešanice.

e) Pecite falafel, dokler ni kuhan in mehak, 25 do 30 minut, na polovici pa ga enkrat obrnite.

f) V veliki ponvi na srednjem ognju segrejte olje. Dodajte riževo cvetačo, za'atar, sol in poper ter premešajte, da se združi. Med občasnim mešanjem kuhajte, dokler se cvetača rahlo ne zmehča, približno 3 minute.

g) Za serviranje razdelite cvetačni riž in rukolo v sklede. Na vrh položite falafel polpete, papriko, avokado, kislo zelje in merico humusa.

98. Sklede s črnim fižolom in chorizom

SESTAVINE:
- 3 skodelice (90 g) mlade špinače
- 2 žlici (30 ml) avokada ali ekstra deviškega oljčnega olja, razdeljeno
- 8 unč (225 g) riževe cvetače
- Košer sol in sveže mlet črni poper
- ¼ skodelice (4 g) drobno sesekljanega svežega cilantra in še več za preliv
- 8 unč (225 g) mehiškega chorizo oz
- soyrizo, ovoji odstranjeni
- 4 velika jajca
- 1 skodelica (200 g) črnega fižola, odcejenega in opranega
- Salsa
- ½ skodelice (120 ml) avokadove omake
- Špinačo porazdelite po skledah.

NAVODILA
a) V veliki ponvi na srednjem ognju segrejte 1 žlico (15 ml) olja. Dodamo narezano cvetačo ter začinimo s soljo in poprom. Med občasnim mešanjem kuhajte, dokler se cvetača ne segreje in rahlo zmehča, približno 3 minute. Odstavite z ognja in vmešajte cilantro. Razdelite po skledah. Obrišite ponev.

b) V isti ponvi na srednjem ognju segrejte preostalo 1 žlico (15 ml) olja. Dodajte chorizo. Kuhajte in meso razdrobite z leseno žlico, dokler ni kuhano in dobro porjavi, 6 do 8 minut. Z žlico z režami prenesite chorizo na krožnik, obložen s papirnato brisačo.

c) Ogenj zmanjšamo na nizko in v isti ponvi spečemo jajca.

d) Za serviranje sklede napolnite s chorizom, jajcem, črnim fižolom in salso.
e) Prelijemo z avokadovo omako in potresemo z dodatnim koriandrom.

99. Sklede za zajtrk v počasnem kuhalniku Congee

SESTAVINE:

- ¾ skodelice (125 g) jasminovega riža
- 4 skodelice (940 ml) vode
- 3 skodelice (705 ml) zelenjavne ali piščančje juhe
- 1-palčni (2,5 cm) kos svežega ingverja, olupljen in narezan na tanke rezine
- Košer sol in sveže mlet črni poper
- 3 žlice (45 ml) avokada ali ekstra deviškega oljčnega olja, razdeljeno
- 6 unč (168 g) gob, po možnosti cremini ali shiitake, narezanih
- 6 skodelic (180 g) mlade špinače
- 4 velika jajca
- Kimchi
- Popečasta čebula, narezana na tanke rezine

NAVODILA

a) Dodajte riž, vodo, osnovo, ingver in 1 čajno žličko (6 g) soli v 3,2-litrski (3,2 L) ali večji kuhalnik za počasno kuhanje in premešajte. Pokrijte, nastavite na nizko in kuhajte, dokler se riž ne razgradi in postane kremast, približno 8 ur.

b) Odstranite in zavrzite ingver. Mešajte, strgajte po straneh in dnu počasnega kuhalnika. Congee razdelite med sklede.

c) V veliki ponvi na srednje močnem ognju segrejte 1 žlico (15 ml) olja. Dodajte gobe, začinite s soljo in poprom ter pražite, dokler se ne zmehčajo, približno 5 minut. Z žlico prelijemo congee.

d) V isti ponvi na srednjem ognju segrejte 1 žlico (15 ml) olja. Dodajte špinačo in kuhajte, občasno premešajte,

dokler ne oveni, približno 2 minuti. Špinačo porazdelite po skledah.
e) V isti ponvi segrejte preostalo 1 žlico (15 ml) olja in prepražite jajca.
f) Dodajte jajca v sklede congeeja in prelijte s kimčijem in kapesanto.

100. Sklede za zajtrk z ajdo in črnim fižolom

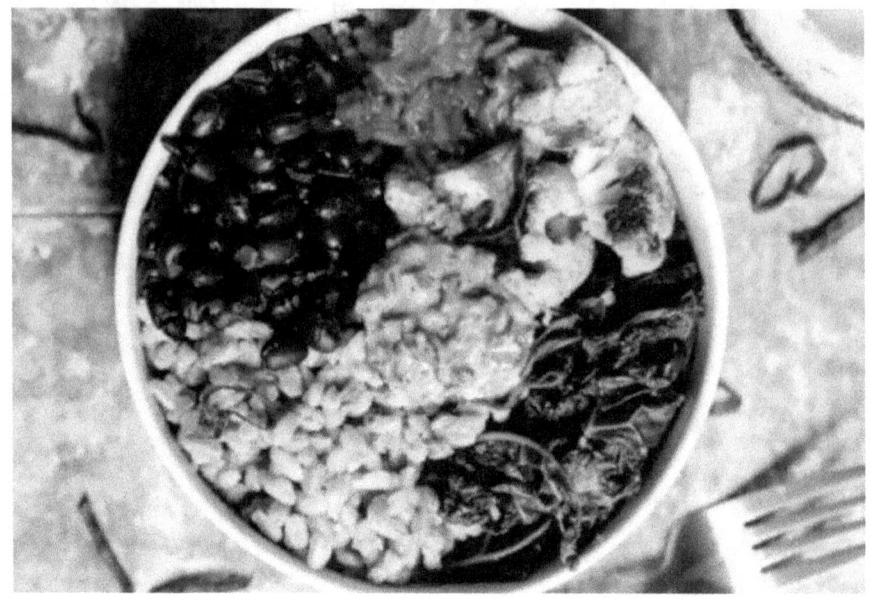

SESTAVINE:

- ¾ skodelice (125 g) kašaste ajde
- 1¹/₃ skodelice (315 ml) vode
- ½ žlice (7 g) nesoljenega masla
- Košer sol in sveže mlet črni poper
- 4 skodelice (520 g) poparjenega ohrovta
- 1½ skodelice (300 g) ali 1 (15 unč ali 420 g) pločevinke črnega fižola, odcejenega in opranega
- 4 trdo kuhana jajca
- 2 avokada, olupljena, brez koščic in pretlačena
- 1 redkev iz lubenice, narezana na tanke rezine
- Zdrobljena feta
- 1 recept za miso-ingverjevo omako
- sezamovo seme
- alepski poper

NAVODILA

a) V srednje veliki ponvi zmešajte ajdo, vodo, maslo in velik ščepec soli. Zavremo, nato zmanjšamo ogenj na nizko, pokrijemo in pustimo vreti, dokler se ne zmehča, 15 do 20 minut.

b) Za serviranje ajdo razdelite v sklede. Na vrh položite ohrovt, kuhan na pari, fižol, narezano trdo kuhano jajce, avokado, redkvico in feto. Prelijemo z miso-ingverjevo omako in potresemo s sezamovimi semeni in alepskim poprom.

ZAKLJUČEK

Ko zaključujemo naše potovanje skozi "Mavrične sklede veselja", upam, da je vaša kuhinja postala zatočišče barv, okusov in hranil. Ta kuharska knjiga ni le zbirka receptov; je praznovanje veselja, ki izhaja iz uživanja zdravih in okusnih obrokov, ki prispevajo k temu, da ste bolj zdravi in živahni.

Hvala, ker ste se mi pridružili pri tem raziskovanju okusov, barv in veselja, ki ga prinaša hranjenje vašega telesa. Naj te sklede postanejo stalnica v vašem kulinaričnem repertoarju in v vaše dnevne obroke vnesejo ne le hranljivost, ampak tudi občutek užitka.

Ko uživate v zadnjih žlicah teh skled, se boste morda spomnili, da je veselje mogoče najti v vsakem grižljaju, dobro počutje pa je potovanje, ki se začne z odločitvami, ki jih sprejemamo v naših kuhinjah. Tukaj je veselje, da nahranite svoje telo, eno pisano skledo naenkrat. Veselo in zdravo prehranjevanje!

www.ingramcontent.com/pod-product-compliance
Lightning Source LLC
Chambersburg PA
CBHW071320110526
44591CB00010B/966